Langenscheidt
Vom Wort zum Satz

Russisch

Die wichtigsten Wörter
in einfachen Sätzen üben

von Kristina Gauß

Langenscheidt

Langenscheidt
Vom Wort zum Satz
Russisch
Die wichtigsten Wörter in einfachen Sätzen üben

von
Kristina Gauß

Download der MP3-Dateien und der Wortliste:

1. Gehen Sie auf die Seite www.langenscheidt.com/bonusmaterial
2. Geben Sie dort den Code **WSR567** ein.
3. Klicken Sie auf den Button „aktivieren".
4. Laden Sie die MP3-Dateien und die Wortliste herunter.

1. Auflage 2023

www.langenscheidt.com

Redaktion: Dr. habil. Martin Schneider
Layout: Meike Elsasser, Hildrizhausen
Umschlagfotos: Muster: Getty Images/Far700; Hände und Tassen: Shutterstock/Antonio Guillem
Satz: Satzkasten, Stuttgart
Druck und Bindung: Multiprint GmbH, Kostinbrod

ISBN 978-3-12-563567-8

So lernen Sie mit diesem Buch

Mit diesem Buch erweitern Sie Ihren russischen Wortschatz – in kleinen Schritten vom einzelnen Wort zum ganzen Satz. Der Inhalt ist in 30 thematisch gegliederte Lektionen unterteilt.
Auf der ersten Seite einer Lektion werden Ihnen 10 grundlegende russische Wörter zu einem bestimmten Thema vorgestellt, die Sie im Laufe der Lektion lernen. Diese Wörter tauchen dann auf der folgenden Seite in einem kleinen Text wieder auf. Hier finden Sie außerdem die russische Schreibschrift zu den einzelnen Sätzen, denn auch diese will gelernt sein und unterscheidet sich manchmal erheblich von der Druckschrift.
In kleinen Infokästen erfahren Sie Wichtiges zu Grammatik und Wortschatz, aber auch zum Land und zur Kultur.

Auf der dritten und vierten Seite einer Lektion lernen Sie dann zahlreiche Wörter, die mit denen der ersten Seite verwandt sind. Denn wenn Sie sich die einzelnen Wörter nicht isoliert, sondern eingebettet in ihrer thematischen oder morphologischen Umgebung aneignen, dann lernen Sie sie auch schneller und leichter.
Abschließend üben Sie die neuen Wörter und wiederholen den Text vom Anfang der Lektion noch einmal. Sie werden sehen: In kleinen und langsamen Schritten erweitern Sie Ihren Wortschatz immer mehr.

Alle Wörter und Sätze, die Sie innerhalb einer Lektion lernen, können Sie auch anhören. Die MP3-Dateien und eine komplette Liste der Wörter mit Übersetzung können Sie online herunterladen. Wie das geht, erfahren Sie auf Seite 2.

Viel Erfolg beim Lernen wünscht Ihnen die Langenscheidt-Redaktion!

INHALT

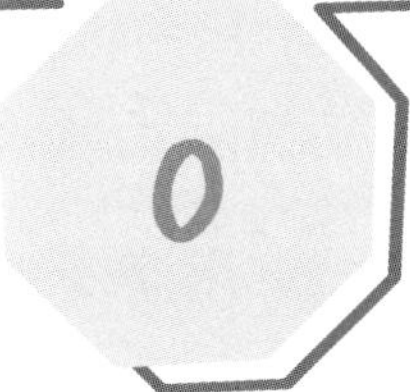

EINFÜHRUNG IN DIE RUSSISCHE SPRACHE

Die guten Nachrichten zuerst: Das Kyrillische ist wie das Deutsche eine Buchstabenschrift, die eine enge Beziehung zum Lautwert hat, d. h. wenn man das geschriebene Wort sieht, weiß man im Prinzip, wie es gesprochen wird.
Und die Kenntnis der kyrillischen Schrift erleichtert den Zugang zu einigen anderen slawischen Sprachen, die aufgrund ihrer orthodoxen kulturellen Prägung ebenfalls kyrillisch schreiben, z. B. dem Ukrainischen und Weißrussischen, dem Bulgarischen und Serbischen.
Die kyrillische Schrift ist benannt nach dem „Slawenapostel" Kyrill, der gemeinsam mit seinem Bruder Method im 9. Jahrhundert die Voraussetzungen für eine eigene Schriftsprache schuf, die bis heute weite Teile Osteuropas verbindet.
Zu den Herausforderungen für die Lernenden gehört die Tatsache, dass es keine generellen Regeln für die **Wortbetonung** im Russischen gibt. Da es Wortpaare gibt, die gleich geschrieben werden, aber eine unterschiedliche Bedeutung haben, die nur durch die Betonung ausgedrückt wird, muss bei jedem neuen russischen Wort die Betonung mitgelernt werden. Im vorliegenden Kurs wird als Hilfestellung der betonte Vokal jeweils durch ein Akzentzeichen markiert: му́ка (Qual) vs. мука́ (Mehl). Ohne Markierung bleibt der Buchstabe „ё" (jo), der stets betont ist.
Das russische **Alphabet** umfasst 10 Vokal-, 21 Konsonantenbuchstaben sowie das Härte- und das Weichheitszeichen. Sie bezeichnen Laute, die oft ihrem deutschen Gegenstück ähneln, lediglich das „ы" hat keine genaue Entsprechung im Deutschen – es klingt wie eine Kombination von i und ü.
Wichtig ist ein weiterer Unterschied zum Deutschen: Das Russische unterscheidet zwischen **harten** (nichtpalatisierten) und **weichen** (palatalisierten) **Konsonanten**. Die meisten Konsonanten haben sowohl eine weiche als auch eine harte Variante. Bei der Aussprache der weichen Konsonanten wird der Zungenrücken gegen den harten Gaumen (lat. palatum) gehoben. Konsonanten werden weich ausgesprochen, wenn der nächste Buchstabe ein „я", „е", „и", „ё" oder ein „ь" ist.
Auch bei den Vokalen sind Unterschiede in der Aussprache zu beachten, so werden diese Laute in unbetonter Stellung reduziert und ändern teilweise ihren Klang. **Die Buchstaben o und e werden unmittelbar vor der betonten Silbe wie a und i gesprochen.**

DAS RUSSISCHE ALPHABET AUF EINEN BLICK

Druckschrift	Schreibschrift	Buchstabennamen		Aussprache
		auf Russisch	auf Deutsch	
А, а	*А, а*	а	a	[a] (wie a in ***a**ber*)
Б, б	*Б, б*	бэ	bä	[bɛ] (wie b in ***B**uch*)
В, в	*В, в*	вэ	wä	[vɛ] (wie w in ***W**agen*)
Г, г	*Г, г*	гэ	gä	[gɛ] (wie g in ***G**arten*)
Д, д	*Д, д*	дэ	dä	[dɛ] (wie in ***D**ach*)
Е, е	*Е, е*	е	jä	[je] (wie je in ***je**doch*)
Ё, ё	*Ё, ё*	ё	jo	[jɔ] (wie jo in ***Jo**hannisbeere*)
Ж, ж	*Ж, ж*	жэ	schä	[ʒɛ] (stimmhaftes sch wie in ***J**argon*)
З, з	*З, з*	зэ	sä	[zɛ] (stimmhaftes s wie in ***S**ahne*)
И, и	*И, и*	и	i	[i] (wie i in ***I**gel*)
Й, й	*Й, й*	и кра́ткое	i kratkojä	[j] (wie i in *Ma**i***)
К, к	*К, к*	ка	ka	[ka] (wie k in ***K**unst*)
Л, л	*Л, л*	эл	äl	[ɛl] (wie l in ***L**ampe*)
М, м	*М, м*	эм	äm	[ɛm] (wie m in ***M**aus*)
Н, н	*Н, н*	эн	än	[ɛn] (wie n in ***N**ame*)
О, о	*О, о*	о	o	[ɔ] (wie o in ***O**pfer*)
П, п	*П, п*	пэ	pä	[pɛ] (wie p in ***P**ost*)

Р, р	*Р, р*	эр	är (r mit der Zungenspitze gerollt)	[ɛr] (wie r in ***R****iese*)
С, с	*С, с*	эс	äs	[ɛs] (stimmloses s wie in *Flu****ss***)
Т, т	*Т, т*	тэ	tä	[tɛ] (wie t in ***T****ag*)
У, у	*У, у*	у	u	[u] (wie u in ***U****hu*)
Ф, ф	*Ф, ф*	эф	äf	[ɛf] (wie f in ***F****oto*)
Х, х	*Х, х*	ха	cha	[xa] (wie ch in *Da****ch***)
Ц, ц	*Ц, ц*	цэ	tsä	[tsɛ] (wie z in ***Z****eit*)
Ч, ч	*Ч, ч*	че	tschä	[tʃɛ] (wie tsch in *Deu****tsch***)
Ш, ш	*Ш, ш*	ша	scha	[ʃa] (wie sch in ***sch****on*)
Щ, щ	*Щ, щ*	ща	scha (Zischlaut, „weich" und länger als ш)	[ʃtʃa] (etwa wie in *Fi****schsch****warm*)
ъ	*ъ*	твёрдый знак	twjordyj snak, hartes Zeichen	kein selbstständiger Laut, Konsonant davor wird hart ausgesprochen
ы	*ы*	ы	ü mit Lippenstellung wie bei deutschem i	[ɨ] keine Entsprechung, nie am Wortanfang
ь	*ь*	мя́гкий знак	mjachkij snak, weiches Zeichen	kein selbstständiger Laut, Konsonant davor wird weich ausgesprochen
Э, э	*Э, э*	э	ä	[ɛ] (wie ä in ***Ä****tna*)
Ю, ю	*Ю, ю*	ю	ju	[ju] (wie ju in ***Ju****ni*)
Я, я	*Я, я*	я	ja	[ja] (wie ja in *J****a****hr*)

DIE DEKLINATION

Wie das Deutsche kennt auch das Russische drei **Genera** (grammatische Geschlechter): Maskulinum, Femininum und Neutrum, die man aber erfreulicherweise an der **Grundform** erkennen kann:

endungslos oder -й	→ m.	дом, трамва́й
-а oder -я	→ f.	ла́мпа, ку́хня
-о oder -е	→ n.	окно́, мо́ре

Lediglich bei **Substantiven auf -ь** muss man sich das Genus merken, denn sie können feminin oder maskulin sein. Die weiblichen Substantive auf -ь bilden eine eigene Deklination, die sogenannte **i-Deklination**.
Wichtig: Es gibt im Russischen keinen Artikel, weder den bestimmten (der, die, das) noch den unbestimmten (ein, eine).
Das Russische kennt Singular und Plural sowie 6 Fälle, von denen die ersten vier (Nominativ, Genitiv, Dativ, Akkusativ) eine fast identische Funktion haben wie im Deutschen. Der 5. Fall (Instrumental) drückt Mittel oder Werkzeug aus, manchmal auch die Art und Weise einer Handlung. Der Präpositiv als 6. Fall steht ausschließlich nach bestimmten Präpositionen.
Im Folgenden werden Beispiele für die regelmäßige Deklination der Substantive und Adjektive gegeben. Abweichungen ergeben sich meist aufgrund von Schreibregeln, die man sich leicht anhand von zwei Lernversen merken kann:

1. Nach Zischlaut schreibe и, у, а – und immer и nach г, к, х.
2. Nach Zischlaut und nach ц – wird unbetontes о zu е.

Merke außerdem:
Bei männlichen Substantiven, die Lebewesen bezeichnen, ist der Akkusativ Singular gleich dem Genitiv Singular. Diese Regel gilt im Plural für alle Substantive, die Lebewesen bezeichnen. Я ви́жу дом. (Ich sehe das Haus.) Aber: Я ви́жу Ива́на. (Ich sehe Iwan.) – Я ви́жу ва́зы. (Ich sehe die Vasen.) Aber: Я ви́жу коро́в. (Ich sehe die Kühe.)

Singulardeklination der Substantive

	m. hart	*m. weich*	*n. hart*	*n. weich*	*f. hart*	*f. weich*	*f. i-Dekl.*
N.	дом	рубль	окно́	мо́ре	ва́за	семья́	ночь
G.	до́ма	рубля́	окна́	мо́ря	ва́зы	семьи́	но́чи
D.	до́му	рублю́	окну́	мо́рю	ва́зе	семье́	но́чи
A.	дом	рубль	окно́	мо́ре	ва́зу	семью́	ночь
I.	до́мом	рублём	окно́м	мо́рем	ва́зой	семьёй	но́чью
P.	(о) до́ме	(о) рубле́	(об) окне́	(о) мо́ре	(о) ва́зе	(о) семье́	(о) но́чи

Pluraldeklination der Substantive

	m. hart	m. weich	n. hart	n. weich	f. hart	f. weich	f. i-Dekl.
N.	домá	рубли́	óкна	моря́	вáзы	сéмьи	нóчи
G.	домóв	рублéй	óкон	морéй	вáз	семéй	ночéй
D.	домáм	рубля́м	óкнам	моря́м	вáзам	сéмьям	ночáм
A.	домá	рубли́	óкна	моря́	вáзы	сéмьи	нóчи
I.	домáми	рубля́ми	óкнами	моря́ми	вáзами	сéмьями	ночáми
P.	(о) домáх	(о) рубля́х	(об) óкна	(о) моря́х	(о) вáзах	(о) сéмьях	(о) ночáх

Leider gibt es bei allen Deklinationstypen Ausnahmen und manchmal auch Betonungswechsel. Zum Ausgleich freuen wir uns über zahlreiche Fremdwörter, die nicht dekliniert werden: бюрó, кинó, кóфе, такси́, метрó.

Deklination der Adjektive

	m. hart	m. weich	f. hart	f. weich	Plural hart	Plural weich
N.	нóвый	си́ний	нóвая	си́няя	нóвые	си́ние
G.	нóвого	си́него	нóвой	си́ней	нóвых	си́них
D.	нóвому	си́нему	нóвой	си́ней	нóвым	си́ним
A.	нóвый	си́ний	нóвую	си́нюю	нóвых	си́ние
I.	нóвым	си́ним	нóвой	си́ней	нóвыми	си́ними
P.	(о) нóвом	(о) си́нем	(о) нóвой	(о) си́ней	(о) нóвых	(о) си́них

Die Deklination der neutralen Variante entspricht der maskulinen, aber der Nominativ und Akkusativ hat die Endung -oe/-ee.

Deklination der Pronomen

	ich	du	er/es	sie	wir	ihr	sie
N.	я	ты	он/онó	онá	мы	вы	они́
G.	меня́	тебя́	егó	её	нас	вас	их
D.	мне	тебé	ему́	ей	нам	вам	им
A.	меня́	тебя́	егó	её	нас	вас	их
I.	(со) мной	(с) тобóй	(с) ним	(с) ней	(с) нáми	(с) вáми	(с) ни́ми
P.	(обо) мнé	(о) тебé	(о) нём	(о) ней	(о) нас	(о) вас	(о) них

Die meisten anderen Pronomina werden wie Adjektive dekliniert, wie z. B. das Demonstrativpronomen э́тот/э́та/э́то/э́ти (dieser/diese/dieses/diese) oder das Relativpronomen котóрый/котóрая/котóрое/котóрые (der/die/das/die).

KONJUGATION DER VERBEN

Die russischen Verben werden wie in vielen anderen europäischen Sprachen nach **Person**, **Numerus** und **Tempus** konjugiert. Eine Ausnahme bilden die Formen der Vergangenheit, bei denen **Genus** und **Numerus** bestimmend sind (s.u.).
Es existieren zwei Grundtypen der Konjugation und (nur) drei Zeiten (**Präsens**, **Präteritum**, **Futur**).

	e-Konjugation	*i-Konjugation*	*Präteritum*	*Futur*
Inf.	чита́ть	говори́ть	чита́ть	чита́ть
я	чита́ю	говорю́	чита́л(а)	я бу́ду чита́ть
ты	чита́ешь	говори́шь	чита́л(а)	ты бу́дешь чита́ть
он	чита́ет	говори́т	чита́л	он бу́дет чита́ть
она	чита́ет	говори́т	чита́ла	она́ бу́дет чита́ть
мы	чита́ем	говори́м	чита́ли	мы бу́дем чита́ть
вы	чита́ете	говори́те	чита́ли	вы бу́дете чита́ть
они	чита́ют	говоря́т	чита́ли	они́ бу́дут чита́ть
Imperativ Singular		говори́!	*Imperativ Pl.*	говори́те!

Die neutrale Verbalendung lautet im Präteritum „-ло" – es lassen sich aber nicht von allen Verben sinnvolle Formen bilden.
Die **Präteritumformen** werden vom Infinitiv abgeleitet und sind bei beiden Konjunktionstypen identisch. Auch im **zusammengesetzten Futur** gibt es keine Unterschiede, da nur das Hilfsverb „sein" konjugiert wird, während der Infinitiv gleich bleibt. Das Prinzip gleicht dem deutschen: Ich werde lesen, du wirst lesen ... – Я бу́ду чита́ть, ты бу́дешь чита́ть...
Aber auch hier gilt: Es gibt zahlreiche Abweichungen von den Standardformen, es treten Konsonanten- und Betonungswechsel auf – und das gerade bei den häufig verwendeten Verben.
Dafür kennt das Russische nur eine Präsensform des Verbs **быть** (sein), die auch nur selten verwendet wird (есть). Das verkürzt die Aussagesätze, die dann unvollständig wirken, weil das Prädikat fehlt: Iwan ist Physiker. = Ива́н фи́зик. Manchmal setzt man anstelle des Hilfsverbs einen Gedankenstrich: Ива́н – фи́зик.

Verben auf -овать und reflexive Verben

Eine eigene Klasse bilden die Verben mit der Infinitivendung **-овать**. Die Zahl dieser Verben nimmt auch heute noch zu, d. h. es gibt immer wieder neue

Verben, die mit diesem Suffix gebildet werden, oft abgeleitet von Fremdwörtern: фотографи́ровать, дискути́ровать, импровизи́ровать.
Reflexive Verben erkennt man im Russischen an den Suffixen -ся oder (nach Vokal) -сь. Sie sind in der Regel abgeleitet von einem nicht-reflexiven Verb: мыть (waschen) → мыться (sich waschen).

Infinitiv	рисова́ть	встреча́ться
я	рису́ю	встреча́юсь
ты	рису́ешь	встреча́ешься
он/она/оно	рису́ет	встреча́ется
мы	рису́ем	встреча́емся
вы	рису́ете	встреча́етесь
они	рису́ют	встреча́ются
он *(Präteritum)*	рисова́л	встреча́лся
она *(Präteritum)*	рисова́ла	встреча́лась
они *(Präteritum)*	рисова́ли	встреча́лись
Imperativ Sg.	рису́й!	встреча́йся!
Imperativ Pl.	рису́йте!	встреча́йтесь!

Der russische Verbalaspekt

Fast jedes deutsche Verb hat im Russischen zwei Entsprechungen, die als Aspektpaar bezeichnet werden. Das bedeutet, dass man sich beim Formulieren eines russischen Satzes immer entscheiden muss, welche der beiden Varianten, die als „**unvollendet**" oder „**vollendet**" bezeichnet werden, man verwenden will. Das ist eine Herausforderung für die Lernenden, weil es im Deutschen keine analoge Erscheinung gibt. Glücklicherweise führen Aspektfehler nur in seltenen Fällen zu Missverständnissen.
Häufig wird ein Aspektpartner durch Präfigierung gebildet: смотре́ть (uv.) – посмотре́ть (v.). Seltener handelt es sich um zwei völlig unterschiedliche Wortstämme: говори́ть (uv.) – сказа́ть (v.).
Die unvollendeten (auch: **imperfektiven**) Verben bezeichnen eine nicht abgeschlossene Handlung sowie eine ständige Eigenschaft oder einen Zustand des Subjekts. Die vollendeten (auch: **perfektiven**) Verben bezeichnen eine abgeschlossene, zeitlich begrenzte Handlung sowie eine einmalige Handlung, die ein bestimmtes Ergebnis hat.
Im **Präsens** werden **nur die unvollendeten Verben** verwendet. Die Präsensformen der vollendeten Verben haben **Futurbedeutung**!

VERBEN DER BEWEGUNG

Eine besondere Gruppe bilden im Russischen die Verben der Bewegung. Sie bilden Wortpaare, bei denen das eine Verb eine zielgerichtete Bewegung in eine bestimmte Richtung („**bestimmt**"), das andere eine nicht zielgerichtete Bewegung, eine Gewohnheit oder Fähigkeit („**unbestimmt**") ausdrückt. Diese russischen Verben der Bewegung sind (wenn sie kein zusätzliches Präfix aufweisen) **unvollendet**.

deutsche Entsprechung	*zielgerichtet*	*nicht zielgerichtet*
gehen	идти́	ходи́ть
fahren	е́хать	е́здить
fliegen	лете́ть	лета́ть
schwimmen	плыть	пла́вать
laufen	бежа́ть	бе́гать
tragen	нести́	носи́ть

Präpositionen, Konjunktionen, Partikel
Wie im Deutschen sind auch im Russischen die Präpositionen mit einem bestimmten Kasus verbunden. Einige Präpositionen regieren aber sogar zwei Fälle (в, на, за, под), wenige sogar drei (с, по).
Für die meisten deutschen Konjunktionen und Partikel gibt es russische Entsprechungen, wichtig sind aber die Besonderheiten: „**ли**" bezeichnet eine Frage (im Deutschen manchmal zu übersetzen mit „ob"), und das ebenfalls unveränderbare „**бы**" kennzeichnet den **Konjunktiv**.
Eine Verneinung kann mit „**не**" (nicht) oder „**нет**" (nein, kein) ausgedrückt werden, wobei не unmittelbar vor dem zu verneinenden Wort steht. Typisch ist dabei die doppelte Verneinung: Я **ни**кого́ **не** ви́дел. (Ich habe niemanden gesehen.) Ebenfalls wichtig: Nach **нет** steht der Genitiv. У меня́ нет бра́т**а**. (Ich habe keinen Bruder.)

SYNTAX

Beim Satzbau kann man sich meist am Deutschen orientieren. Eine Ausnahme gilt für die Verneinung (s.o.). Generell ist die russische Syntax flexibler als die deutsche oder englische, da durch das Deklinationssystem die Funktion der Satzteile eindeutig ist und nicht durch die Stellung im Satz markiert wird.

WICHTIGE UNREGELMÄSSIGE VERBFORMEN

Infinitiv	*Präsens/Futur*	*Präteritum*
брать	беру́, берёшь, беру́т	брал, брала́, бра́ли
брони́ровать	брони́рую, брони́руешь	брони́ровал, брони́ровала
быть	бу́ду, бу́дешь, бу́дут	был, была́, бы́ло, бы́ли
вари́ть	варю́, ва́ришь, ва́рят	вари́л, вари́ла
вести́	веду́, ведёшь, веду́т	вёл, вела́, вели́
взять	возьму́, возьмёшь, возьму́т	взял, взяла́, взя́ли
ви́деть	ви́жу, ви́дишь, ви́дят	ви́дел, ви́дела
встава́ть	встаю́, встаёшь, встаю́т	встава́л, встава́ла
гости́ть	гощу́, гости́шь, гостя́т	гости́л, гости́ла
гото́вить	гото́влю, гото́вишь, гото́вят	гото́вил, гото́вила
дава́ть	даю́, даёшь, даю́т	дава́л, дава́ла
дать	дам, дашь, даст, дади́м, даду́т	дал, дала́, да́ли
дойти́	дойду́, дойдёшь, дойду́т	дошёл, дошла́, дошли́
е́здить	е́зжу, е́здишь, е́здят	е́здил, е́здила
есть	ем, ешь, ест, еди́м, едя́т	ел, е́ла, е́ли
е́хать	е́ду, е́дешь, е́дут	е́хал, е́хала
ждать	жду, ждёшь, ждут	ждал, ждала́, жда́ли
жить	живу́, живёшь, живу́т	жил, жила́, жи́ли
звать	зову́, зовёшь, зову́т	звал, звала́, зва́ли
идти́	иду́, идёшь, иду́т	шёл, шла, шли
купи́ть	куплю́, ку́пишь, ку́пят	купи́л, купи́ла
лете́ть	лечу́, лети́шь, летя́т	лете́л, лете́ла
люби́ть	люблю́, лю́бишь, лю́бят	люби́л, люби́ла
наде́ть	наде́ну, наде́нешь, наде́нут	наде́л, наде́ла
нача́ть	начну́, начнёшь, начну́т	на́чал, начала́, на́чали
нести́	несу́, несёшь, несу́т	нёс, несла́, несли́
носи́ть	ношу́, но́сишь, но́сят	носи́л, носи́ла
ночева́ть	ночу́ю, ночу́ешь, ночу́ют	ночева́л, ночева́ла
нра́виться	нра́влюсь, нра́вишься, нра́вятся	нра́вился, нра́вилась
оде́ть	оде́ну, оде́нешь, оде́нут	оде́л, оде́ла
оплати́ть	оплачу́, опла́тишь, опла́тят	оплати́л, оплати́ла
остава́ться	остаю́сь, остаёшься, остаю́тся	остава́лся, остава́лась

Infinitiv	*Präsens/Futur*	*Präteritum*
останови́ться	остановлю́сь, -но́вишься, -но́вятся	останови́лся, -нови́лась
оста́ться	оста́нусь, оста́нешься, оста́нутся	оста́лся, оста́лась
перейти́	перейду́, перейдёшь, перейду́т	перешёл, -шла́, -шли́
пересе́сть	переся́ду, переся́дешь, переся́дут	пересе́л, пересе́ла
печь	пеку́, печёшь, пеку́т	пёк, пекла́, пекли́
писа́ть	пишу́, пи́шешь, пи́шут	писа́л, писа́ла
пить	пью, пьёшь, пьют	пил, пила́, пи́ли
плати́ть	плачу́, пла́тишь, пла́тят	плати́л, плати́ла
подвезти́	подвезу́, подвезёшь, подвезу́т	подвёз, -везла́, -везли́
подвози́ть	подвожу́, подво́зишь, подво́зят	подвози́л, подвози́ла
подожда́ть	подожду́, подождёшь, подожду́т	-жда́л, -ждала́, -жда́ли
поступи́ть	поступлю́, посту́пишь, посту́пят	поступи́л, поступи́ла
провести́	проведу́, проведёшь, проведу́т	провёл, провела́, провели́
проводи́ть	провожу́, прово́дишь, прово́дят	проводи́л, проводи́ла
продава́ть	продаю́, продаёшь, продаю́т	продава́л, продава́ла
прода́ть	прода́м, прода́шь, продаду́т	прода́л, -дала́, -да́ли
проходи́ть	прохожу́, прохо́дишь, прохо́дят	проходи́л, проходи́ла
ра́доваться	ра́дуюсь, ра́дуешься, ра́дуются	ра́довался, ра́довалась
роди́ть	рожу́, роди́шь, родя́т	роди́л, родила́, роди́ли
сиде́ть	сижу́, сиди́шь, сидя́т	сиде́л, сиде́ла
смотре́ть	смотрю́, смо́тришь, смо́трят	смотре́л, смотре́ла
спать	сплю, спишь, спят	спал, спала́, спа́ли
стоя́ть	стою́, стои́шь, стоя́т	стоя́л, стоя́ла, стоя́ли
узнава́ть	узнаю́, узнаёшь, узнаю́т	узна́л, узна́ла, узна́ли
учи́ться	учу́сь, у́чишься, у́чатся	учи́лся, учи́лась
ходи́ть	хожу́, хо́дишь, хо́дят	ходи́л, ходи́ла
чу́вствовать	чу́вствую, чу́вствуешь	чу́вствовал, чу́вствовала

VERWENDETE ABKÜRZUNGEN:

Adj.	Adjektiv
Adv.	Adverb
Akk.	Akkusativ (4. Fall)
best.	bestimmt, zielgerichtet, einmal
Dat.	Dativ (3. Fall)
f.	feminin, weiblich
Gen.	Genitiv (2. Fall)
instr.	Instrumental (5. Fall)
m.	maskulin, männlich
n.	neutral, sächlich
Nom.	Nominativ (1. Fall)
off.	offiziell, amtlicher Sprachgebrauch
Pl.	Plural
poet.	poetisch, gehobener Stil
Präp.	Präpositiv (6. Fall)
russ.	russisch
Sg.	Singular
trad.	traditionell
umg.	umgangssprachlich
unbest.	unbestimmt, nicht zielgerichtet, mehrfach
unv.	unveränderbar, indeklinabel
uv.	unvollendet, imperfektiv
v.	vollendet, perfektiv
wörtl.	wörtlich

Werden bei einem Verb beide Aspektpartner angegeben, dann steht der unvollendete Partner an erster Stelle nach dem Muster „uv.//v.“.

Bei der Einführung einzelner Verben sind die vollendeten Verben durch die Angabe „v.“ markiert. Alle anderen Verben sind unvollendet.

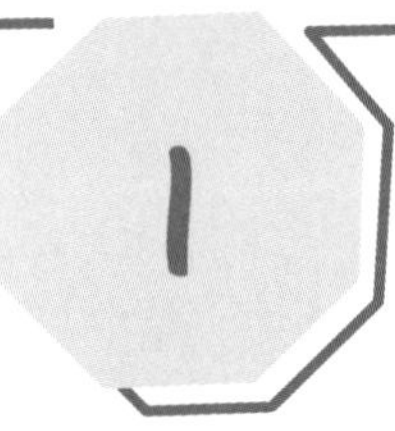

BEGRÜSSEN UND VERABSCHIEDEN

Diese 10 grundlegenden russischen Wörter und Wendungen lernen Sie in dieser Lektion:

☑ **Kann ich**	Schreibschrift	
○ Здра́вствуйте!	*Здравствуйте!*	*Guten Tag! / Ich grüße Sie/Euch! (Sg./Pl.)*
○ Меня́ зову́т...	*Меня зовут...*	*Ich heiße ... (wörtl.: Mich ruft man ...)*
○ а	*а*	*und (als Gegensatz)*
○ э́то	*это*	*das (ist/sind)*
○ Приве́т!	*Привет!*	*Hallo!*
○ я	*я*	*ich*
○ Пока́!	*Пока!*	*Tschüss!*
○ До́брый день!	*Добрый день!*	*Guten Tag!*
○ Мне пора́.	*Мне пора.*	*Es wird Zeit. / Ich muss los.*
○ До свида́ния!	*До свидания!*	*Auf Wiedersehen!*

LOS GEHT'S

1 Hören Sie sich die einzelnen Sätze mit den Lernwörtern genau an und lesen Sie mit.

002

Здра́вствуйте! Меня́ зову́т Али́са! А э́то На́дя.

Здравствуйте! Меня зовут Алиса! А это Надя.

Ich grüße Euch! Ich heiße Alisa! Und das ist Nadja.

На́дя ist die Kurzform von Наде́жда (наде́жда – Hoffnung).

Im Russischen gibt es keine Präsensformen für das Verb „sein". Э́то На́дя. – Das **ist** Nadja.

Приве́т! Я Же́ня, а э́то Са́ша.

Привет! Я Женя, а это Саша.

Hallo! Ich bin Schenja, und das ist Sascha.

Mit Же́ня können sich sowohl Евге́ний als auch Евге́ния, mit Са́ша sowohl Алекса́ндр als auch Алекса́ндра vorstellen.

Пока́!

Пока!

Tschüss!

До́брый день, меня́ зову́т Серге́й Соколо́в.

Добрый день, меня зовут Сергей Соколов.

Guten Tag, ich heiße Sergej Sokolow.

Мне пора́. До свида́ния.

Мне пора. До свидания.

Ich muss los. Auf Wiedersehen.

VERWANDTE WÖRTER

1 Hören Sie sich folgende Wörter und Wendungen an und lesen Sie mit.

Здра́вствуйте! (formell, Sg./Pl.)	*Ich grüße Sie/ Euch!*	**Здра́вствуй!** (informell, Sg.)	*Ich grüße dich!*
		здоро́вье	*Gesundheit*
Меня́ зову́т...	*Ich heiße ... wörtl.: Mich ruft man ...*	**звать** (+Akk.)	*rufen, nennen (heißen)*
		Как тебя́ зову́т? wörtl.: Wie ruft man dich?	*Wie heißt du?*
		Как вас зову́т? wörtl.: Wie ruft man Sie?	*Wie heißen Sie?*
		как?	*wie?*
а	*und (als Gegensatz)*	**но**	*aber*
		и	*und*
		или	*oder*
э́то	*das (ist/sind)*	**э́тот, э́та, э́ти**	*dieser, diese (f.), diese (Pl.)*
Приве́т!	*Hallo!*	**Всем приве́т!**	*Hallo zusammen!*
		приве́тствовать	*begrüßen*

Das deutsche „und“ hat im Russischen zwei Entsprechungen, wobei «и» die mit Abstand häufigere Variante darstellt.

я	*ich*	**ты, он, она́, оно́** **мы, вы, они́**	*du, er, sie, es* *wir, Sie/ihr, sie*
Пока́!	*Tschüss!*	**Пока́-пока́!**	*Tschüss! (als Antwort auf «Пока!»)*
До́брый день!	*Guten Tag!*	**до́брый** **до́брый челове́к**	*guter (Adj.)* *guter Mensch*
		До́брое у́тро!	*Guten Morgen!*
		До́брый ве́чер!	*Guten Abend!*
		До́брой но́чи!	*Gute Nacht!*
		Добро́ пожа́ловать!	*Herzlich willkommen!*
Мне пора́.	*Es wird Zeit. / Ich muss los.*	**пора́** (poet.)	*Zeit, Zeitspanne*
До свида́ния!	*Auf Wiedersehen!*	**свида́ние**	*(romantisches) Treffen*
		До встре́чи!	*Bis bald!*
		До за́втра!	*Bis morgen!*

ÜBEN

1 Verbinden Sie die passenden Wörter und Wendungen.

1. Пока́! → D	A. Hallo!
2. Здра́вствуй!	B. Bis bald!
3. До встре́чи!	C. Ich grüße Sie!
4. До́брое у́тро!	D. Tschüss!
5. Приве́т!	E. Auf Wiedersehen!
6. До́брый день!	F. Guten Morgen!
7. Здра́вствуйте!	G. Ich grüße dich!
8. До свида́ния!	H. Guten Tag!

2 Ergänzen Sie die fehlenden Wörter.

1. Меня́ __________ Наде́жда.	*Ich heiße Nadezhda.*
2. А как __________ зову́т?	*Und wie heißt du?*
3. __________ вас зову́т?	*Wie heißen Sie?*
4. __________ Алекса́ндр.	*Das ist Aleksander.*
5. Я Све́та, _____ э́то И́ра.	*Ich bin Sweta, und das ist Ira.*
6. __________, Све́та и И́ра!	*Hallo, Sweta und Ira!*
7. __________, Лю́ба!	*Tschüss, Ljuba!*
8. Мне __________.	*Ich muss los.*

Све́та ist die Kurzform von Светла́на (свет – Licht). И́ра ist die Kurzform von Ири́на.

Лю́ба ist die Kurzform von Любо́вь (любо́вь – Liebe).

WIEDERHOLUNG

3 Lesen Sie jetzt die folgenden Sätze auf Russisch.

1. Приве́т! Меня́ зову́т На́дя.
2. Здра́вствуйте, меня́ зову́т Евге́ний.
3. Э́то Све́та, а э́то И́ра.
4. Пока́, Све́та и И́ра!
5. До свида́ния, Евге́ний.

4 Übersetzen Sie nun die Sätze ins Deutsche.

1. ______________________________
2. ______________________________
3. ______________________________
4. ______________________________
5. ______________________________

5 Jetzt können Sie auf der ersten Seite der Lektion alle Wörter, die Sie gelernt haben, abhaken.

2

SMALLTALK

Diese 10 grundlegenden russischen Wörter und Wendungen lernen Sie in dieser Lektion:

Kann ich	Schreibschrift	
у *(+ Gen.)*	*у*	*bei*
дела́ *(Pl.)*	*дела*	*Angelegenheiten*
Как у вас дела́?	*Как у вас дела?*	*Wie geht es Ihnen?*
спаси́бо	*спасибо*	*danke*
всё	*всё*	*alles*
хорошо́	*хорошо*	*gut*
У меня́ всё хорошо́.	*У меня всё хорошо.*	*Mir geht es gut.* *(wörtl.: Bei mir ist alles gut.)*
то́же	*тоже*	*auch*
ничего́	*ничего*	*hier: es geht* *(wörtl.: Nichts [zu berichten].)*
отли́чно	*отлично*	*ausgezeichnet*

LOS GEHT'S

1 Hören Sie sich die einzelnen Sätze mit den Lernwörtern genau an und lesen Sie mit.

Зинаи́да Матве́евна, как у вас дела́?

Зинаида Матвеевна, как у вас дела?

Sinaida Matweewna, wie geht es Ihnen?

Interessant zu wissen: спаси́бо – von «спаса́ть» (retten) und «бог» (Gott).

Спаси́бо, у меня́ всё хорошо́. А у вас?

Спасибо, у меня всё хорошо. А у вас?

Danke, mir geht es gut. Und Ihnen?

То́же ничего́, спаси́бо.

Тоже ничего, спасибо.

Auch gut, danke. (wörtl.: Es gibt [auch] nichts/nichts Neues zu berichten).

Ка́тя ist die Kurzform von Екатери́на.

Ка́тя, как дела́?

Катя, как дела?

Katja, wie geht's?

Да, всё отли́чно! А у тебя́?

Да, всё отлично! А у тебя?

Ja, alles ist in bester Ordnung (wörtl.: ausgezeichnet)! Und wie geht's dir?

VERWANDTE WÖRTER

1 Hören Sie sich folgende Wörter und Wendungen an und lesen Sie mit.

у (+ Gen.)	*bei*		*wörtl.:*
		у меня́/тебя́ **у неё/него́** **у нас/вас/них**	*bei mir/dir* *bei ihr/ihm* *bei uns/ Ihnen/Euch/ ihnen*
дела́ (Pl.)	*Angelegen-heiten*	**де́ло** (Sg.)	*Angelegenheit, Geschäft*
		Не ва́ше/твоё де́ло!	*Das geht Sie/dich nichts an!*
		откры́ть (v.) **своё де́ло**	*ein eigenes Geschäft/ Unternehmen gründen*
Как у вас дела́?	*Wie geht es Ihnen?*	**Как у тебя́ дела́?** **Как дела́?**	*Wie geht es dir?* *Wie geht's?*
		Дела́ иду́т хорошо́.	*Die Geschäfte laufen (wörtl.: „gehen") gut.*
спаси́бо	*danke*	**Спаси́бо тебе́/вам!**	*Danke dir/Ihnen/Euch!*
		Огро́мное/Большо́е спаси́бо!	*Herzlichen Dank! (wörtl.: Großen Dank!)*
всё	*alles*	**все**	*alle*

хорошо́	*gut*	**хоро́ший**	*guter (Adj.)*
		пло́хо **плохо́й**	*schlecht* *schlechter (Adj.)*
У меня́ всё хорошо́.	*Mir geht es gut. (wörtl.: Bei mir ist alles gut.)*	**У тебя́/вас всё хорошо́?**	*Geht es dir/ Ihnen/ Euch gut?*
то́же	*auch*	**та́кже**	*auch, ebenso*
		ещё	*noch, außerdem*
		уже́	*schon*
ничего́	*hier: es geht (wörtl.: nichts)*	**норма́льно**	*normal*
отли́чно	*ausgezeichnet*	**отли́чный**	*ausgezeichneter (Adj.)*
		прекра́сно **прекра́сный**	*wunderbar* *wunderbarer (Adj.)*
		замеча́тельно **замеча́тельный**	*großartig* *großartiger (Adj.)*
		превосхо́дно **превосхо́дный**	*hervorragend* *hervorragender (Adj.)*
		Здо́рово! **Су́пер!**	*Toll! Prima!* *Super!*

У меня́ есть соба́ка (Ich habe einen Hund). У Ка́ти то́же есть собáка. / У меня́ есть соба́ка. У меня та́кже есть ко́шка (Katze).

ÜBEN

1 Verbinden Sie die passenden Wörter und Wendungen.

1. Спаси́бо!	A. Wie geht es Ihnen/Euch?
2. Ничего́.	B. Mir geht es auch gut.
3. Отли́чно!	C. Alles ist gut.
4. Норма́льно.	D. Danke!
5. Как у тебя́ дела́?	E. Ausgezeichnet!
6. Как у вас дела́?	F. Es geht.
7. Всё хорошо́.	G. Wie geht es dir?
8. У меня́ то́же всё хорошо́.	H. Normal.

2 Ergänzen Sie die fehlenden Wörter.

1. Как у тебя́ __________?	*Wie geht es dir?*
2. Как у __________ дела́?	*Wie geht es Ihnen/Euch?*
3. У __________ всё хорошо́.	*Mir geht es gut.*
4. У тебя́ __________ хорошо́?	*Ist bei dir alles gut?*
5. Да, __________.	*Ja, danke.*
6. У Мари́ны всё __________ хорошо́.	*Marina geht es auch gut.*
7. Спаси́бо, __________. А у вас?	*Danke, es geht. Und Ihnen?*
8. Всё __________!	*(Alles) ausgezeichnet!*

WIEDERHOLUNG

3 Lesen Sie jetzt die folgenden Sätze auf Russisch.

1. Здра́вствуйте, Станисла́в Петро́вич. Как у вас дела́?
2. Приве́т, Матве́й! Как дела́? Всё норма́льно?
3. Спаси́бо, у меня́ всё хорошо́. А у вас?
4. Всё хорошо́! А у тебя́?
5. Отли́чно!

4 Übersetzen Sie nun die Sätze ins Deutsche.

1. ______________________________
2. ______________________________
3. ______________________________
4. ______________________________
5. ______________________________

5 Jetzt können Sie auf der ersten Seite der Lektion alle Wörter, die Sie gelernt haben, abhaken.

Sich vorstellen

Diese 10 grundlegenden russischen Wörter und Wendungen lernen Sie in dieser Lektion:

007

☑ **Kann ich**	Schreibschrift	
○ Дава́йте познако́мимся!	*Давайте познакомимся!*	*Machen wir uns bekannt! (wörtl.: Lasst uns einander kennenlernen!)*
○ из (+ Gen.)	*из*	*aus*
○ Росси́я	*Россия*	*Russland*
○ студе́нтка	*студентка*	*Studentin*
○ информа́тик	*информатик*	*Informatiker(in)*
○ Мне... год/го́да/лет.	*Мне... год/года/лет.*	*Ich bin ... Jahre alt.*
○ говори́ть	*говорить*	*sprechen*
○ по-англи́йски	*по-английски*	*(auf) Englisch*
○ по-неме́цки	*по-немецки*	*(auf) Deutsch*
○ Я о́чень ра́д(а) с ва́ми познако́миться!	*Я очень рад(а) с вами познакомиться!*	*Ich freue mich sehr Sie/Euch kennenzulernen!*

LOS GEHT'S

1 Hören Sie sich die einzelnen Sätze mit den Lernwörtern genau an und lesen Sie mit.

008

Здра́вствуйте! Дава́йте познако́мимся!

Здравствуйте! Давайте познакомимся!

Ich grüße Sie/Euch! Machen wir uns bekannt!

Меня́ зову́т Али́на. Я из Росси́и, из Москвы́.

Меня зовут Алина. Я из России, из Москвы.

Ich heiße Alina. Ich bin aus Russland, aus Moskau.

Viele Berufsbezeichnungen existieren im Russischen nur in einer maskulinen Form.

Я студе́нтка, информа́тик. Мне семна́дцать лет.

Я студентка, информатик. Мне семнадцать лет.

Ich bin Studentin, Informatikerin. Ich bin siebzehn Jahre alt.

Я хорошо́ говорю́ по-англи́йски и по-неме́цки.

Я хорошо говорю по-английски и по-немецки.

Ich spreche gut Englisch und Deutsch.

Я о́чень ра́да с ва́ми познако́миться!

Я очень рада с вами познакомиться!

Ich freue mich seht Sie/Euch kennenzulernen!

VERWANDTE WÖRTER

1 Hören Sie sich folgende Wörter und Wendungen an und lesen Sie mit.

Дава́й(те) позна-ко́мимся!	*Machen wir uns bekannt! (Sg./Pl.)*	**Дава́й...** **Дава́йте...**	*Lass uns ...* *Lasst/Lassen Sie uns ...*
		(по)знако́миться	*einander kennenlernen*
		знако́мство	*Bekanntschaft*
		знако́мый **знако́мая**	*Bekannter* *Bekannte*
из (+ Gen.)	*aus*	**в** (+ Akk.)	*nach (lokal, Richtung)*
Росси́я	*Russland*	**росси́йский**	*russischer (Adj.)*
		ру́сский	*russischer (Adj.)*
		ру́сский **ру́сская** **ру́сские**	*Russe* *Russin* *Russen*
студе́нтка	*Studentin*	**студе́нт**	*Student*
информа́тик	*Informatiker(in)*	**информа́тика**	*Informatik*
		информа́ция	*Information(en)*

... из Москвы́
... в Москву́

Bezieht sich meist auf den russischen Staat: росси́йский гимн (Hymne).

Bezieht sich eher auf die Kultur: ру́сская культу́ра.

Мне... год/го́да/ лет.	*Ich bin ... Jahre alt.*	**Ско́лько тебе́/ вам лет?**	*Wie alt bist du/ sind Sie/seid Ihr?*

Das Personalpronomen steht im Dativ. Die Bezugswörter verändern sich nach der Zahlenregel:
1 (2**1**, 3**1**, 10**1**, ...) + Nom. Sg.
2, 3, 4 (2**2**, 2**3**, 2**4**, 12**2**, ...) + Gen. Sg.
5, ... + Gen. Pl.
Мне 21 год.
Мне 22 го́да.
Мне 25 лет.

год	*Jahr*
го́ды	*Jahre*
ле́то	*Sommer*

говори́ть	*sprechen*	**разгово́р**	*Gespräch*
		разгова́ривать	*ein Gespräch führen/im Gespräch sein*
по-англи́йски	*(auf) Englisch*	**по-неме́цки**	*(auf) Deutsch*
		по-ру́сски	*(auf) Russisch*
Я о́чень ра́д(а) с ва́ми/тобо́й по-знако́миться!	*Ich freue mich sehr Sie/Euch/ dich kennen-zulernen!*	**о́чень**	*sehr*
		ра́д(а)	*froh sein*
		ра́дость (f.)	*Freude*
		ра́доваться	*sich freuen*
		с (+ Instr.)	*mit*

ÜBEN

1 Verbinden Sie die passenden Wörter und Wendungen.

1. студе́нт
2. Мне 21 год.
3. информа́тик
4. из Росси́и
5. Рад с ва́ми познако́миться!
6. студе́нтка
7. говори́ть по-ру́сски
8. Дава́йте познако́мимся!

A. (Ich) freue mich Sie/Euch kennenzulernen!
B. Studentin
C. Student
D. aus Russland
E. Russisch sprechen
F. Informatiker(in)
G. Machen wir uns bekannt!
H. Ich bin 21 Jahre alt.

2 Ergänzen Sie die fehlenden Wörter.

1. Мне 34 __________. *Ich bin 34 Jahre alt.*
2. Никола́й __________. *Nikolaj ist ein Student.*
3. Веро́ника из __________. *Veronika ist aus Russland.*
4. Семён хорошо́ __________ по-англи́йски. *Semjon spricht gut Englisch.*
5. Ве́ра __________. *Vera ist Informatikerin.*
6. Софи́я _____ Санкт-Петербу́рга. *Sofia ist aus Sankt-Petersburg.*
7. __________ познако́мимся! *Machen wir uns bekannt!*
8. О́чень __________ с ва́ми познако́миться! *(Ich) freue mich sehr Sie/Euch kennenzulernen! (f.)*

Adverbien – хорошо́, свобо́дно (fließend), немно́го (etwas) ... – stehen bevorzugt **vor** den Verben.

Ве́ра – Glaube. Zusammen mit Наде́жда (Hoffnung) und Любо́вь (Liebe) gehört zu beliebtesten Mädchennamen.

WIEDERHOLUNG

3 Lesen Sie jetzt die folgenden Sätze auf Russisch.

1. Приве́т! Познако́мимся?
2. Меня́ зову́т Его́р. Я из Росси́и, из Екатеринбу́рга.
3. Я студе́нт, информа́тик. Мне девятна́дцать лет.
4. Я о́чень хорошо́ говорю́ по-англи́йски и немно́го по-неме́цки.
5. О́чень рад с тобо́й познако́миться!

4 Übersetzen Sie nun die Sätze ins Deutsche.

1. ______________________________
2. ______________________________
3. ______________________________
4. ______________________________
5. ______________________________

5 Jetzt können Sie auf der ersten Seite der Lektion alle Wörter, die Sie gelernt haben, abhaken.

4

EINE PERSON VORSTELLEN

Diese 10 grundlegenden russischen Wörter und Wendungen lernen Sie in dieser Lektion:

Kann ich	Schreibschrift	
◯ Познакóмьтесь, пожáлуйста.	*Познакомьтесь, пожалуйста.*	*Darf ich vorstellen? (wörtl.: Macht Euch bitte bekannt.)*
◯ мóй	*мой*	*mein*
◯ друг	*друг*	*Freund*
◯ Егó зовýт...	*Его зовут...*	*Er heißt ...*
◯ музыкáнт	*музыкант*	*Musiker*
◯ Óчень приятно.	*Очень приятно.*	*Sehr angenehm.*
◯ Гермáния	*Германия*	*Deutschland*
◯ Áвстрия	*Австрия*	*Österreich*
◯ жить	*жить*	*leben, wohnen*
◯ Интерéсно!	*Интересно!*	*Interessant!*

LOS GEHT'S

1 Hören Sie sich die einzelnen Sätze mit den Lernwörtern genau an und lesen Sie mit.

011

- Илья́, Ники́та, познако́мьтесь, пожа́луйста.

- *Илья, Никита, познакомьтесь, пожалуйста.*

- Ilja, Nikita, darf ich vorstellen?

Einige russische männliche Vornamen enden auf -a/-я, z.B. Ники́та, Илья́. Ihr grammatisches Geschlecht ist trotzdem maskulin.

- Э́то мо́й друг. Его́ зову́т Лу́кас. Он то́же музыка́нт.

- *Это мой друг. Его зовут Лукас. Он тоже музыкант.*

- Das ist mein Freund. Er heißt Lukas. Er ist auch Musiker.

- О́чень прия́тно, Лу́кас. Ты из Герма́нии?

- *Очень приятно, Лукас. Ты из Германии?*

- Sehr angenehm, Lukas. Kommst du aus Deutschland?

- Нет, из А́встрии. Но я давно́ живу́ в Герма́нии.

- *Нет, из Австрии. Но я давно живу в Германии.*

- Nein, aus Österreich. Aber ich wohne schon lange in Deutschland.

- Интере́сно!

- *Интересно!*

- Interessant!

VERWANDTE WÖRTER

1 Hören Sie sich folgende Wörter und Wendungen an und lesen Sie mit.

Познакóмьтесь, пожáлуйста.	*Darf ich vorstellen? (formell, Sg./Pl.)*	**Познакóмься, пожáлуйста.**	*Darf ich vorstellen? (informell, Sg.)*
		пожáлуйста	*bitte*
мóй	*mein (m.)*	**моя́, моё, мои́**	*meine (f.), mein (n.), meine (Pl.)*
друг	*Freund*	**подрýга**	*Freundin*
		друзья́	*Freunde*
Егó зовýт...	*Er heißt ...*	**Её зовýт...**	*Sie heißt ...*
музыкáнт	*Musiker, Musikerin*	**мýзыка**	*Musik*
		музыкáльный	*Musik-, musikalisch (Adj.)*
Óчень прия́тно.	*Sehr angenehm.*	**прия́тный**	*angenehmer (Adj.)*
Гермáния	*Deutschland*	**нéмец** **нéмка** **нéмцы**	*Deutscher* *Deutsche* *Deutsche (Pl.)*
		немéцкий	*deutscher (Adj.)*
		немéцкий язы́к	*Deutsch (deutsche Sprache)*

Ihren Freund/Ihre Freundin können Sie vorstellen mit:
Э́то мóй пáрень.
Э́то моя́ дéвушка.

Das Verb «звать» verlangt den Akkusativ.

А́встрия	*Österreich*	**австри́ец** **австри́йка** **австри́йцы**	*Österreicher (m.)* *Österreicherin* *Österreicher (Pl.)*
жить	*leben, wohnen*	**жизнь** (f.)	*Leben*
		живо́т	Bauch
		живо́тное	*Tier*
		смерть (f.)	*Tod*
		умира́ть// **умере́ть**	*sterben*
в (+ Präp.)	*in*	**в Росси́и**	*in Russland*
Интере́сно!	*Interessant!*	**интере́сный**	*interessanter (Adj.)*
		интере́с **интере́сы**	*Interesse* *Interessen*
		интересова́ться (+ Instr.)	*sich interessieren für*
		ску́чно **ску́чный**	*langweilig (Adv.)* *langweiliger (Adj.)*

ÜBEN

1 Verbinden Sie die passenden Wörter und Wendungen.

1. друг	A. Sehr angenehm.
2. Она́ из А́встрии.	B. Sie ist (kommt) aus Österreich.
3. Интере́сно!	C. Musiker
4. жить в Герма́нии	D. Freund
5. Её зову́т…	E. Darf ich vorstellen?
6. О́чень прия́тно.	F. in Deutschland leben
7. музыка́нт	G. Sie heißt ...
8. Познако́мьтесь, пожа́луйста!	H. Interessant!

2 Ergänzen Sie die fehlenden Wörter.

1. Э́то __________ де́вушка.	*Das ist meine Freundin.*
2. Э́то __________ па́рень.	*Das ist mein Freund.*
3. _____ зову́т Маргари́та.	*Sie heißt Margarita.*
4. ____ зову́т Арсе́ний.	*Er heißt Arsenij.*
5. Она́ из __________.	*Sie ist aus Deutschland.*
6. Он в __________.	*Er ist in Österreich.*
7. Зо́я __________ в Со́чи.	*Soja wohnt in Sotschi.*
8. Познако́мьтесь, ________________.	*Darf ich vorstellen? (bitte)*

Hier verwenden Sie den Genitiv.

Hier verwenden Sie den Präpositiv.

WIEDERHOLUNG

3 Lesen Sie jetzt die folgenden Sätze auf Russisch.

1. Познако́мьтесь, пожа́луйста. Э́то моя́ де́вушка. Её зову́т О́льга.
2. О́льга из Росси́и, из Москвы́. Но сейча́с (jetzt) она́ живёт в Герма́нии, в Берли́не.
3. О́льга студе́нтка, музыка́нт.
4. Ей 22 го́да.
5. Она́ о́чень хорошо́ говори́т по-неме́цки и по-англи́йски.

4 Übersetzen Sie nun die Sätze ins Deutsche.

1. ______________________________
2. ______________________________
3. ______________________________
4. ______________________________
5. ______________________________

5 Jetzt können Sie auf der ersten Seite der Lektion alle Wörter, die Sie gelernt haben, abhaken.

5

FAMILIE

Diese 10 grundlegenden russischen Wörter und Wendungen lernen Sie in dieser Lektion:

013

Kann ich	Schreibschrift	
Посмотри́те!	Посмотрите!	Schauen Sie (hin).
фотогра́фия	фотография	Bild, Foto
семья́	семья	Familie
жена́	жена	Ehefrau
де́ти (Pl.)	дети	Kinder
роди́тели (Pl.)	родители	Eltern
брат	брат	Bruder
сестра́	сестра	Schwester
любо́вь (f.)	любовь	Liebe
муж	муж	Ehemann

LOS GEHT'S

1 Hören Sie sich die einzelnen Sätze mit den Lernwörtern genau an und lesen Sie mit.

014

Посмотри́те, на фотогра́фии – моя́ семья́.

Посмотрите, на фотографии – моя семья.

Schauen Sie hin, auf dem Foto ist meine Familie.

Ва́ря: Kurzform von Варва́ра.

Вот моя́ жена́ Ва́ря.

Вот моя жена Варя.

Hier ist meine Frau Varja.

Ми́ша: Kurzform von Михайл.

А вот на́ши де́ти – Ми́ша, Са́ша и Та́ня.

А вот наши дети – Миша, Саша и Таня.

Und hier sind unsere Kinder – Mischa, Sascha und Tanja.

Вот мои́ роди́тели. А вот мои́ брат и сестра́.

Вот мои родители. А вот мои брат и сестра.

Hier sind meine Eltern. Und hier sind mein Bruder und meine Schwester.

Моя́ семья́ – моя́ любо́вь.

Моя семья – моя любовь.

Meine Familie ist meine Liebe.

VERWANDTE WÖRTER

1 Hören Sie sich folgende Wörter und Wendungen an und lesen Sie mit.

015

Посмотри́те!	*Schauen Sie (hin).*	**Посмотри́!**	*Schau (hin).*
		смотре́ть	*schauen*
		ви́деть	*sehen*
фотогра́фия	*Foto, Bild*	**фо́то** (unv.)	*Foto, Bild (umg.)*
		фотографи́ровать	*fotografieren*
		фотографи́роваться	*sich fotografieren*
жена́	*Ehefrau*	**же́нщина**	*Frau*
		муж	*Ehemann*
		мужчи́на	*Mann*
де́ти (Pl.)	*Kinder*	**ребёнок** (Sg.)	*Kind*

смотре́ть телеви́зор – fernsehen

ви́деть го́ры, облака́ – Berge, Wolken sehen

Das Suffix «-ся» bezeichnet reflexive Verben.

«мужчина» sprechen Sie als «мущина» aus.

роди́тели (Pl.)	*Eltern*	**род**	*Stamm, auch: (grammatisches) Geschlecht*
		ро́дственник	*Verwandter*
		ро́ды (Pl.) **рожа́ть//роди́ть**	*Geburt* *gebären*
		родно́й язы́к	*Muttersprache*
		наро́д **ро́дина**	*Volk* *Heimatland*
брат	*Bruder*	**бра́тья**	*Brüder*
		двою́родный брат	*Cousin*
сестра́	*Schwester*	**сёстры**	*Schwestern*
		двою́родная сестра́	*Cousine*
любо́вь (f.)	*Liebe*	**люби́ть**	*lieben*
		люби́мый **люби́мая**	*Geliebter (auch Adj.)* *Geliebte (auch Adj.)*
		не́нависть (f.) **ненави́деть**	*Hass* *hassen*

У тебя́ есть брат и́ли (oder) сестра́? – Hast du Geschwister?

Я тебя́ люблю́! – Ich liebe dich!

Я тебя́ ненави́жу! – Ich hasse dich!

ÜBEN

1 Verbinden Sie die passenden Wörter und Wendungen.

1. муж и жена́	A. unsere Eltern
2. брат и сестра́	B. meine Liebe
3. мои́ де́ти	C. auf dem Bild
4. на́ши роди́тели	D. Ehemann und Ehefrau
5. моя́ семья́	E. meine Familie
6. Посмотри́те.	F. Bruder und Schwester
7. на фотогра́фии	G. meine Kinder
8. моя́ любо́вь	H. Schauen Sie (hin).

2 Ergänzen Sie die fehlenden Wörter.

Юля: Kurzform von Юлия.

1. Э́то Юля, моя́ ___________.	*Das ist Julja, meine Frau.*
2. Э́то мо́й ___________ Анто́н.	*Das ist mein Mann Anton.*
3. Вот на́ши ___________.	*Hier sind unsere Kinder.*
4. Та́ня – моя́ ___________.	*Tanja ist meine Schwester.*
5. Э́то мо́й ___________ Фёдор.	*Das ist mein Bruder Fjodor.*
6. Вот на ____________________ на́ши роди́тели.	*Hier auf dem Foto sind unsere Eltern.*
7. _______________, вот мои́ сёстры А́ся и Ни́ка.	*Schauen Sie hin, hier sind meine Schwester Asja und Nika.*
8. Ксю́ша – моя́ ___________.	*Xjuscha ist meine Liebe.*

Ни́ка: Kurzform von Веро́ника.

Ксю́ша: Kurzform von Ксе́ния.

WIEDERHOLUNG

3 Lesen Sie jetzt die folgenden Sätze auf Russisch.

1. Посмотри́те! На фотогра́фии – моя́ семья́.
2. Вот мои́ роди́тели, Тимофе́й и Ната́лья.
3. Вот моя́ жена́ А́ня и на́ши де́ти И́нна и Да́рья. Они́ близнецы́ (Zwillinge).
4. А вот мои́ брат и сестра́, Андре́й и Ка́тя.
5. Я о́чень люблю́ мою́ семью́!

4 Übersetzen Sie nun die Sätze ins Deutsche.

1. ______________________________
2. ______________________________
3. ______________________________
4. ______________________________
5. ______________________________

5 Jetzt können Sie auf der ersten Seite der Lektion alle Wörter, die Sie gelernt haben, abhaken.

6

AUF DER DATSCHA

Diese 10 grundlegenden russischen Wörter und Wendungen lernen Sie in dieser Lektion:

016

Kann ich	Schreibschrift	
○ ле́том	*летом*	*im Sommer*
○ да́ча	*дача*	*Datscha, Sommerhaus*
○ гости́ть	*гостить*	*zu Gast sein*
○ внук	*внук*	*Enkelkind; Enkelsohn*
○ сын	*сын*	*Sohn*
○ приезжа́ть	*приезжать*	*ankommen, anreisen*
○ выходны́е (Pl.)	*выходные*	*Wochenende*
○ ба́ня	*баня*	*Banja (russische Sauna)*
○ недалеко́	*недалеко*	*unweit, nicht weit weg*
○ всегда́	*всегда*	*immer*

LOS GEHT'S

1 Hören Sie sich die einzelnen Sätze mit den Lernwörtern genau an und lesen Sie mit.

017

Ле́том мы с му́жем живём на да́че.

Летом мы с мужем живём на даче.

Im Sommer leben mein Mann und ich auf der Datscha.

Bei гостить ist ein längerer Aufenthalt der Gäste gemeint. In den drei Monate langen Sommerferien verbringen russische Kinder ihre Zeit oft на да́че oder auf dem Lande bei ihren Großeltern – Oma (ба́бушка) und Opa (де́душка).

У нас гостя́т на́ши вну́ки, Анто́н и Ва́ся.

У нас гостят наши внуки, Антон и Вася.

Unsere Enkelkinder Anton und Wasja kommen zu uns zu Besuch.

Наш сын и его́ жена́ приезжа́ют на выходны́е.

Наш сын и его жена приезжают на выходные.

Unser Sohn und seine Frau kommen (zu uns) übers Wochenende.

На да́че у нас сад, ба́ня. Недалеко́ лес и о́зеро.

На даче у нас сад, баня. Недалеко лес и озеро.

Bei der Datscha haben wir einen Garten und eine Banja. Unweit sind ein Wald und ein See.

На да́че всегда́ хорошо́!

На даче всегда хорошо!

Auf der Datscha ist es immer schön.

VERWANDTE WÖRTER

1 Hören Sie sich folgende Wörter und Wendungen an und lesen Sie mit.

018

ле́том	*im Sommer*	**ле́то**	*Sommer*
		о́сень (f.) **о́сенью**	*Herbst* *im Herbst*
		зима́ **зимо́й**	*Winter* *im Winter*
		весна́ **весно́й**	*Frühling* *im Frühling*
да́ча	*Datscha, Sommerhaus*	**дава́ть// дать**	*geben*
		дари́ть	*schenken*
		жить на да́че	*auf der Datscha leben*
гости́ть	*zu Gast sein*	**гость** (m.)	*Gast*
вну́ки (Pl.)	*Enkelkinder; Enkelsöhne*	**внук**	*Enkel*
		вну́чка **вну́чки**	*Enkelin* *Enkelinnen*
		ба́бушка	*Großmutter, Oma*
		де́душка	*Großvater, Opa*
сын	*Sohn*	**дочь** (f.)	*Tochter*

Auf der Datscha, wird in der warmen Jahreszeit gewohnt. Ein Garten (сад), Gemüsegarten (огоро́д) und oft eine Banja (ба́ня) gehören dazu – ebenso wie Familientreffen und gemeinsame Abende bei Tee aus dem Samowar (самова́р).

приезжа́ть	*ankommen, anreisen*	**прие́хать** (v.)	*angekommen sein*
		уезжа́ть// уе́хать	*wegfahren weggefahren sein*
		е́хать	*fahren (z.B. einmalig, zielgerichtet)*
		е́здить	*fahren (z.B. regelmäßig)*
выходны́е (Pl.)	*Wochenende*	**вы́ход**	*Ausgang*
		вход	*Eingang*
ба́ня	*Banja*	**са́уна**	*Sauna*
		лес	*Wald*
		о́зеро	*See*
недалеко́	*unweit*	**далеко́**	*weit*
всегда́	*immer*	**никогда́**	*niemals*

приезжа́ть в го́сти – zu Besuch (z.B. bei Freunden oder Familie) sein

приезжа́ть на выходны́е – über das Wochenende zu Besuch sein

Tipp: Informieren Sie sich im Einleitungskapitel über die Verben der Bewegung.

далеко́/недалеко́ от + Gen. – weit/unweit von
Недалеко́ от да́чи – о́зеро.
Nicht weit weg von der Datscha ist ein See.

ÜBEN

1 Verbinden Sie die passenden Wörter und Wendungen.

1. жить на да́че	A. im Winter und im Frühling
2. ле́том и о́сенью	B. bei Oma zu Besuch sein
3. зимо́й и весно́й	C. Sohn und Tochter
4. гости́ть у ба́бушки	D. auf der Datscha leben
5. приезжа́ть на выходны́е	E. Enkel und Enkelin
6. сын и дочь	F. Banja, Garten und See
7. внук и вну́чка	G. im Sommer und im Herbst
8. ба́ня, сад и о́зеро	H. übers Wochenende kommen

2 Ergänzen Sie die fehlenden Wörter.

1. __________ мы живём на да́че.	*Im Sommer leben wir auf der Datscha.*
2. __________ от да́чи – лес.	*Unweit der Datscha ist ein Wald.*
3. У нас на да́че – хоро́шая __________.	*Bei uns auf der Datscha haben wir eine gute Banja.*
4. Мой сын прие́дет на __________.	*Mein Sohn kommt übers Wochenende zu Besuch.*
5. У нас гостя́т __________________________.	*Die Enkelkinder sind bei uns zu Besuch.*
6. У ба́бушки __________ хорошо́.	*Bei Oma ist es immer schön.*

WIEDERHOLUNG

3 Lesen Sie jetzt die folgenden Sätze auf Russisch.

1. Мой ба́бушка и де́душка ле́том всегда́ живу́т на да́че.
2. А мы у них гости́м. Мы – э́то их вну́ки (я и мо́й брат Кири́лл).
3. На да́че хорошо́! У ба́бушки и де́душки на да́че – сад, огоро́д, ба́ня.
4. Недалеко́ – лес и о́зеро.
5. Ма́ма и па́па приезжа́ют на выходны́е. Мы лю́бим ле́то и лю́бим на́шу да́чу!

4 Übersetzen Sie nun die Sätze ins Deutsche.

1. ______________________
2. ______________________
3. ______________________
4. ______________________
5. ______________________

5 Jetzt können Sie auf der ersten Seite der Lektion alle Wörter, die Sie gelernt haben, abhaken.

HOBBYS

Diese 10 grundlegenden russischen Wörter und Wendungen lernen Sie in dieser Lektion:

019

Kann ich	Schreibschrift	
○ хóбби (unv.)	*хобби*	*Hobby(s)*
○ увлечéние	*увлечение*	*Passion, Leidenschaft*
○ люби́ть (+ Inf.)	*любить*	*lieben (etwas zu tun)*
○ читáть	*читать*	*lesen*
○ игрáть (на + Präp.)	*играть (на)*	*spielen (z.B. ein Musikinstrument)*
○ готóвить	*готовить*	*kochen, das Essen zubereiten*
○ занимáться (+ Instr.)	*заниматься*	*sich beschäftigen mit*
○ спорт	*спорт*	*Sport*
○ игрáть (в + Akk.)	*играть (в)*	*spielen (z.B. ein Spiel, eine Sportart)*
○ компью́тер	*компьютер*	*PC, Computer*

LOS GEHT'S

1 Hören Sie sich die einzelnen Sätze mit den Lernwörtern genau an und lesen Sie mit.

020

Каки́е у ме́ня хо́бби и увлече́ния?

Какие у меня хобби и увлечения?

Welche Hobbys ich habe und wofür ich mich begeistere?

Я о́чень люблю́ чита́ть – фанта́стику, фэ́нтези, ...

Я очень люблю читать – фантастику, фэнтези, ...

Ich lese sehr gerne – Science-Fiction, Fantasy, ...

Ещё я игра́ю на гита́ре. И о́чень люблю́ гото́вить.

Ещё я играю на гитаре. И очень люблю готовить.

Außerdem spiele ich Gitarre. Und ich liebe es zu kochen.

Коне́чно, я занима́юсь спо́ртом, игра́ю в те́ннис.

Конечно, я занимаюсь спортом, играю в теннис.

Natürlich mache ich Sport, spiele Tennis.

Ну, и игра́ю на компью́тере!

Ну, и играю на компьютере!

Und ich spiele auch am Computer!

VERWANDTE WÖRTER

1 Hören Sie sich folgende Wörter und Wendungen an und lesen Sie mit. 021

хо́бби (n., unv.)	*Hobby, Hobbys*	**како́й, кака́я, како́е, каки́е**	*welcher? was für ein?*
увлече́ние (Pl. -ия)	*Passion, Leidenschaft*	**увлека́ться** (+ Instr.)	*sich begeistern (für)* z.B. увлека́ться спо́ртом
		влече́ние (к + Dat.)	*Neigung (zu/für)* z.B. влече́ние к иску́сству – Kunstneigung (Nom. иску́сство)
		тече́ние	*Flussströmung*
люби́ть (+ Inf.)	*lieben (etwas zu tun)*	**влюбля́ться// влюби́ться** (в + Akk.)	*sich verlieben (in)*
		влюблённые	*Verliebte*
		любова́ться	*mit Bewunderung ansehen*
чита́ть	*lesen*	**чте́ние**	*Lesen*
		чита́тель (m.) (f. – ница)	*Leser*
		слу́шать	*hören*
		слу́шать му́зыку	*Musik hören*

игра́ть (на + Präp.)	*spielen (z.B. ein Musikinstrument)*	**игра́**	*Spiel*
		игро́к	*Spieler(in)*
		игра́ть о́нлайн	*online spielen*
гото́вить	*kochen, das Essen zubereiten*	**пригото́вить** (v.)	*fertig kochen / das Essen zubereiten*
		гото́в (-а, -о, -ы)	*fertig/bereit/so weit sein*
занима́ться (+ Instr.)	*sich beschäftigen mit*	**заня́тие** (Pl. – ия)	*Unterricht, Lehrveranstaltung*
спорт	*Sport*	**спортсме́н** (f. –ка)	*Sportler*
		бе́гать	*laufen*
		пла́вать	*schwimmen*
компью́тер	*PC, Computer*	**компью́терный**	*Computer-*

Бе́гать und пла́вать sind beide nicht zielgerichtet, sondern bezeichnen nur die Tätigkeit an sich.

z.B. компью́терная игра́, компью́терный ви́рус – Computerspiel, -virus

ÜBEN

1 Verbinden Sie die passenden Wörter und Wendungen.

1. хо́бби и увлече́ния	A. Gitarre spielen
2. люби́ть чита́ть	B. Sport treiben
3. игра́ть на гита́ре	C. (am) Computer spielen
4. люби́ть гото́вить	D. Hobby(s) und Passionen
5. занима́ться спо́ртом	E. gerne kochen
6. игра́ть в те́ннис	F. joggen/laufen und schwimmen
7. игра́ть на компью́тере	G. Tennis spielen
8. бе́гать и пла́вать	H. Lesen lieben

2 Ergänzen Sie die fehlenden Wörter.

1. Чем я увлека́юсь? __________!	*Wofür ich mich begeistere? Für Sport!*
2. Моё __________ – компью́тер.	*Der Computer ist mein Hobby.*
3. Ты лю́бишь __________?	*Liest du gern?*
4. Ты __________ на гита́ре?	*Spielst du Gitarre?*
5. Вы лю́бите __________?	*Kochen Sie gerne?*
6. Вы _______________ спо́ртом?	*Treiben Sie Sport?*
7. Ты хорошо́ игра́ешь _____ те́ннис?	*Spielst du gut Tennis?*
8. Я не о́чень люблю́ игра́ть _____ компью́тере.	*Ich mag nicht wirklich (am) Computer zu spielen.*

WIEDERHOLUNG

3 Lesen Sie jetzt die folgenden Sätze auf Russisch.

1. Я о́чень люблю́ чита́ть, осо́бенно (besonders) фанта́стику и фэ́нтези.
2. Мой па́рень увлека́ется спо́ртом. Он бе́гает, пла́вает, занима́ется карате́.
3. Моя́ де́вушка игра́ет в Warcraft. Э́то её люби́мая игра́.
4. Вы лю́бите гото́вить? – Да, о́чень. Я ча́сто (oft) гото́влю для семьи́ и друзе́й.
5. Мо́й друг Энри́ко – музыка́нт. Он прекра́сно игра́ет на гита́ре.

4 Übersetzen Sie nun die Sätze ins Deutsche.

1. ______________________________
2. ______________________________
3. ______________________________
4. ______________________________
5. ______________________________

5 Jetzt können Sie auf der ersten Seite der Lektion alle Wörter, die Sie gelernt haben, abhaken.

MEIN TAG

Diese 10 grundlegenden russischen Wörter und Wendungen lernen Sie in dieser Lektion:

022

✓ **Kann ich**	Schreibschrift	
◯ встава́ть	*вставать*	*aufstehen*
◯ чи́стить зу́бы	*чистить зубы*	*Zähne putzen*
◯ принима́ть душ	*принимать душ*	*sich duschen*
◯ за́втракать	*завтракать*	*frühstücken*
◯ е́хать на рабо́ту	*ехать на работу*	*zur Arbeit fahren*
◯ обе́дать	*обедать*	*zu Mittag essen*
◯ ве́чером	*вечером*	*am Abend*
◯ встреча́ться	*встречаться*	*sich treffen*
◯ отдыха́ть	*отдыхать*	*sich entspannen, ausruhen*
◯ ложи́ться спать	*ложиться спать*	*schlafen gehen*

LOS GEHT'S

1 Hören Sie sich die einzelnen Sätze mit den Lernwörtern genau an und lesen Sie mit.

023

Я встаю в шесть утра́, чи́щу зу́бы, принима́ю душ.

Я встаю в шесть утра, чищу зубы, принимаю душ.

Ich stehe um sechs Uhr morgens auf, putze die Zähne, dusche mich.

Пото́м я бе́гаю в па́рке, за́втракаю, е́ду на рабо́ту.

Потом я бегаю в парке, завтракаю, еду на работу.

Danach jogge ich im Park, frühstücke, fahre zur Arbeit.

Я обе́даю с колле́гами.

Я обедаю с коллегами.

> колле́га (Nom. Sg.)
> мой колле́га - mein Kollege
> моя́ колле́га - meine Kollegin

Zu Mittag esse ich mit Kollegen (und Kolleginnen).

А ве́чером встреча́юсь с друзья́ми.

А вечером встречаюсь с друзьями.

Und abends treffe ich mich mit Freunden.

До́ма я гото́влю, отдыха́ю – и ра́но ложу́сь спать.

Дома я готовлю, отдыхаю – и рано ложусь спать.

Zu Hause koche ich, entspanne mich – und gehe früh schlafen.

VERWANDTE WÖRTER

1 Hören Sie sich folgende Wörter und Wendungen an und lesen Sie mit.

встава́ть	*aufstehen*	**стоя́ть**	*stehen*
чи́стить зу́бы	*Zähne putzen*	**чистота́**	*Sauberkeit*
принима́ть душ	*sich duschen*	**принима́ть ва́нну**	*ein Bad nehmen*
		принима́ть	*einnehmen, empfangen*
		купа́ться	*baden*
за́втракать	*frühstücken*	**за́втрак**	*Frühstück*
		ра́но	*früh*
		по́здно	*spät*
е́хать на рабо́ту	*zur Arbeit fahren*	**рабо́та**	*Arbeit*
		рабо́тать	*arbeiten*
		рабо́чий	*Arbeiter*
обе́дать	*zu Mittag essen*	**обе́д**	*Mittagessen*
		у́жинать	*zu Abend essen*
		у́жин	*Abendessen*

я чи́щу
ты чи́стишь

z.B. принима́ть лека́рство – Medizin einnehmen, принима́ть госте́й – Gäste empfangen

ве́чером	*am Abend*	**ве́чер**	*Abend*
		у́тро **у́тром**	*Morgen* *am Morgen*
		день (m.) **днём**	*Tag* *am Tag, tagsüber*
		ночь (f.) **но́чью**	*Nacht* *in der Nacht*
встреча́ться	*sich treffen*	**встре́ча**	*Treffen*
		колле́га	*Kollege, Kollegin*
		вме́сте	*zusammen*
отдыха́ть	*sich entspannen, ausruhen*	**о́тдых**	*Entspannung*
		о́тпуск	*Urlaub*
		вре́мя (n.) **свобо́дное вре́мя**	*Zeit* *Freizeit*
ложи́ться спать	*schlafen gehen*	**ложи́ться**	*sich (hin)legen*
		спать	*schlafen*
		сон	*Schlaf*

я сплю
ты спишь

ÜBEN

1 Verbinden Sie die passenden Wörter und Wendungen.

1. встава́ть в семь утра́	A. Zähne putzen
2. чи́стить зу́бы	B. sich mit Kollegen treffen
3. принима́ть душ	C. um neun Uhr abends schlafen gehen
4. за́втракать до́ма	D. um sieben Uhr morgens aufstehen
5. е́хать на рабо́ту	E. zu Hause frühstücken
6. встреча́ться с колле́гами	F. mit Freunden zu Abend essen
7. у́жинать с друзья́ми	G. zur Arbeit fahren
8. ложи́ться спать в де́вять ве́чера	H. sich duschen

2 Ergänzen Sie die fehlenden Wörter.

1. У́тром На́дя __________ ра́но.	*Morgens steht Nadja früh auf.*
2. Она́ __________ и е́дет на рабо́ту.	*Sie frühstückt und fährt zur Arbeit.*
3. Она́ __________ с колле́гами.	*Zu Mittag isst sie mit Kollegen.*
4. Ве́чером она́ _______________ с Анто́ном.	*Am Abend trifft sie sich mit Anton.*
5. Они́ вме́сте __________.	*Sie essen zusammen zu Abend.*
6. __________ она́ в де́сять ве́чера.	*Zu Hause ist sie um zehn Uhr abends.*
7. И ложи́тся __________.	*Und sie legt sich schlafen.*

WIEDERHOLUNG

3 Lesen Sie jetzt die folgenden Sätze auf Russisch.

1. Приве́т! Меня́ зову́т Стас. Я программи́ст (Programmierer) и рабо́таю из до́ма.
2. Я встаю́ ра́но, в шесть утра́, и бе́гаю в па́рке.
3. Пото́м я принима́ю душ, за́втракаю и в семь утра́ я уже́ (bereits) рабо́таю.
4. Обе́даю я до́ма, днём немно́го отдыха́ю, а ве́чером встреча́юсь с друзья́ми, и мы вме́сте у́жинаем и́ли игра́ем в компью́терные и́гры.
5. Спать я ложу́сь по́здно (spät). Я люблю́ мою́ рабо́ту!

4 Übersetzen Sie nun die Sätze ins Deutsche.

1. ______________________________
2. ______________________________
3. ______________________________
4. ______________________________
5. ______________________________

5 Jetzt können Sie auf der ersten Seite der Lektion alle Wörter, die Sie gelernt haben, abhaken.

Frühstück, Mittagessen, Abendessen

Diese 10 grundlegenden russischen Wörter und Wendungen lernen Sie in dieser Lektion:

✓ **Kann ich**	Schreibschrift	
○ есть	*есть*	*essen*
○ ка́ша	*каша*	*Brei*
○ пить	*пить*	*trinken*
○ чай	*чай*	*Tee*
○ суп	*суп*	*Suppe*
○ мя́со	*мясо*	*Fleisch*
○ пельме́ни (Pl.)	*пельмени*	*Pelmeni (russ. trad. Teigtaschen mit Fleischfüllung)*
○ печь	*печь*	*backen*
○ блины́ (Pl.)	*блины*	*Blini (russ. trad. Pfannkuchen)*
○ пиро́г	*пирог*	*Pirogge (Pastete; russ. trad. Kuchen mit Füllung)*

LOS GEHT'S

1 Hören Sie sich die einzelnen Sätze mit den Lernwörtern genau an und lesen Sie mit.

026

Neben мюсли (Pl., unv.) bleibt ка́ша weiterhin wichtiger Bestandteil des Frühstücks. Ebenso gern werden бутербро́ды (belegte Brote), варёные я́йца (gekochte Eier), яи́чница (Spiegelei), Quark (тво́рог) etc. gegessen.

На за́втрак мы еди́м ка́шу, а пьём чай.

На завтрак мы едим кашу, а пьём чай.

Zum Frühstuck essen wir Brei und trinken Tee.

На обе́д у нас суп, котле́ты или мя́со с пюре́.

На обед у нас суп, котлеты или мясо с пюре.

Zu Mittag (haben wir) Suppe, Bouletten oder Fleisch mit Kartoffelpüree.

А на у́жин пельме́ни.

А на ужин пельмени.

Und zum Abendessen Pelmeni.

В суббо́ту у́тром мы печём блины́.

В субботу утром мы печём блины.

Am Samstagmorgen bereiten wir Blini zu (wörtl.: backen wir Blini).

А в выходны́е – торты́ или пироги́!

А в выходные – торты или пироги!

Und am Wochenende (backen wir) Torten oder Piroggen!

VERWANDTE WÖRTER

1 Hören Sie sich folgende Wörter und Wendungen an und lesen Sie mit.

027

есть	*essen*	**еда́**	*Essen*
ка́ша	*Brei*	**гре́чневая ~**	*Buchweizenbrei*
		овся́ная ~	*Haferbrei*
		ма́нная ~	*Grießbrei*
		мю́сли (Pl., unv.)	*Müsli*
пить	*trinken*		
чай	*Tee*	**ко́фе** (m., unv.)	*Kaffee*
		вода́	*Wasser*
		сок	*Saft*
суп	*Suppe*	**борщ**	*Rote-Beete-Suppe*
		хлеб	*Brot*
		бутербро́ды	*Butterbrote, belegte Brote*
		щи (Pl.)	*Weißkohlsuppe*

Я ем.
Ты ешь.
Он/она́ ест.
Мы еди́м.
Вы еди́те.
Они́ едя́т.

Я пью.
Ты пьёшь.
Он/она́ пьёт.
Мы пьём.
Вы пьёте.
Они́ пьют.

Suppe ohne Brot? In Russland undenkbar!

мя́со	*Fleisch*	**мясно́й -**	*Fleisch-, aus Fleisch*
		котле́ты (Pl.)	*Buletten, Frikadellen*
		вегетариа́нец (f. -ка)	*Vegetarianer -in*
пельме́ни (Pl.)	*Pelmeni*	**сиби́рские -**	*sibirische Pelmeni*
печь	*backen*	**испе́чь** (v.)	*fertig backen*
		печь (f.)	*Ofen*
		вари́ть// **свари́ть**	*kochen* *gar kochen*
		яйцо́	*Ei*
блины́	*Blini*	**с ма́слом** **со смета́ной**	*mit Butter* *mit Sauerrahm*
пиро́г	*Pirogge*	**пирожки́** (Pl.)	*kleine Piroggen*
		с мя́сом **с карто́шкой** **с капу́стой**	*mit Fleisch* *(umg.) mit Kartoffel* *mit Weißkohl*
		сла́дкий (Pl. -ие)	*süßer*

Я пеку́.
Ты печёшь.

z.B. вари́ть ка́шу, пельме́ни

Sauerrahm (смета́на) ist ein wichtiger Bestandteil der russischen Küche.

ÜBEN

1 Verbinden Sie die passenden Wörter und Wendungen.

1. есть на за́втрак ка́шу	A. zu Abend Pelmeni essen
2. есть на обе́д суп	B. Piroggen backen
3. есть на у́жин пельме́ни	C. Tee oder Kaffee trinken
4. пить чай или ко́фе	D. zum Frühstück Brei essen
5. печь блины́	E. kein Fleisch essen
6. печь пироги́	F. Bouletten mit Kartoffelpüree lieben
7. люби́ть котле́ты с пюре́	G. zu Mittag Suppe essen
8. не есть мя́со	H. Blini zubereiten (backen)

2 Ergänzen Sie die fehlenden Wörter.

1. На за́втрак Са́ша __________ бутербро́ды.	*Zum Frühstück isst Sascha belegte Brote.*
2. А __________ ко́фе.	*Und trinkt Kaffee.*
3. На обе́д у него́ __________.	*Zu Mittag hat (isst) er Suppe.*
4. А на у́жин – __________ с мя́сом.	*Und zu Abend (isst er) Blini mit Fleischfüllung.*
5. Ка́тя не ест __________. Она́ вегетариа́нка.	*Katja isst kein Fleisch. Sie ist Vegetarierin.*
6. На за́втрак у неё __________ и __________.	*Zum Frühstück hat (isst) sie Brei und (trinkt) Tee.*
7. Она́ лю́бит __________ пироги́.	*Sie liebt es Piroggen zu backen.*

WIEDERHOLUNG

3 Lesen Sie jetzt die folgenden Sätze auf Russisch.

1. Здра́вствуйте, меня́ зову́т Поли́на. Что у меня́ на за́втрак, обе́д и у́жин?
2. Ну, на за́втрак обы́чно – мю́сли, ка́ша или тво́рог.
3. Я обе́даю на рабо́те, и э́то обы́чно суп и сала́т (Salat), иногда́ (manchmal) мя́со с пюре́.
4. На у́жин у нас в семье́ лю́бят пельме́ни. Де́ти лю́бят сла́дкие блины́.
5. Мы все о́чень лю́бим пить чай. А я люблю́ печь торты́ и пироги́!

4 Übersetzen Sie nun die Sätze ins Deutsche.

1. ______________________________

2. ______________________________

3. ______________________________

4. ______________________________

5. ______________________________

5 Jetzt können Sie auf der ersten Seite der Lektion alle Wörter, die Sie gelernt haben, abhaken.

10

IM GESCHÄFT

028

Diese 10 grundlegenden russischen Wörter und Wendungen lernen Sie in dieser Lektion:

✓ **Kann ich**	Schreibschrift	
○ вчерá	*вчера*	*gestern*
○ быть	*быть*	*sein*
○ магазúн	*магазин*	*Geschäft*
○ купúть (v.) продýкты	*купить продукты*	*Lebensmittel kaufen*
○ недéля	*неделя*	*Woche*
○ óвощи и фрýкты	*овощи и фрукты*	*Gemüse und Obst*
○ рынок	*рынок*	*Markt*
○ кáсса	*касса*	*Kasse*
○ оплатúть (v.) покýпки	*оплатить покупки*	*Einkäufe bezahlen*
○ молокó	*молоко*	*Milch*

LOS GEHT'S

1 Hören Sie sich die einzelnen Sätze mit den Lernwörtern genau an und lesen Sie mit.

029

Вчера́ мы бы́ли в магази́не и купи́ли проду́кты

Вчера мы были в магазине и купили продукты

Gestern waren wir einkaufen (wörtl.: waren wir im Geschäft) und haben

на неде́лю – молоко́, йо́гурт, ма́сло, сыр...

на неделю – молоко, йогурт, масло, сыр...

Lebensmittel für die Woche eingekauft – Milch, Joghurt, Butter, Käse, ...

Мя́со, о́вощи и фру́кты мы купи́ли на ры́нке.

Мясо, овощи и фрукты мы купили на рынке.

Fleisch, Gemüse und Obst kauften wir auf dem Markt.

In Russland ist es – vor allem in ländlichen Gegenden – in vielen Familien üblich, Lebensmittel bevorzugt auf dem Markt einzukaufen.

На ка́ссе в магази́не была́ о́чередь.

На кассе в магазине была очередь.

An der Kasse im Geschäft gab es eine Warteschlange.

Die kontaktlose Zahlung (бесконта́ктная опла́та) ist in Russland weit verbreitet – zunehmend per Telefon (телефо́н – телефо́ном).

Поку́пки мы оплати́ли телефо́ном.

Покупки мы оплатили телефоном.

Die Einkäufe haben wir per Telefon (Handy) bezahlt.

VERWANDTE WÖRTER

1 Hören Sie sich folgende Wörter und Wendungen an und lesen Sie mit.

вчера́	*gestern*	**сего́дня**	*heute*
		за́втра	*morgen*
магази́н	*Geschäft*	**продукто́вый -**	*Lebensmittelgeschäft*
		интерне́т-магази́н	*Onlineshop*
купи́ть (v.) **проду́кты**	*Lebensmittel kaufen*	**покупа́ть**	*kaufen, einkaufen*
		продава́ть// прода́ть	*verkaufen*
молоко́	*Milch*	**моло́чные проду́кты**	*Milchprodukte*
		сыр	*Käse*
		ма́сло	*Butter; Öl*
		йо́гурт	*Joghurt*

неде́ля	*Woche*	**среда́** **середи́на**	*Mittwoch* *Mitte*
		воскресе́нье **Воскресе́ние**	*Sonntag* *Auferstehung (Christi)*
о́вощи (Pl.) **и фру́кты** (Pl.)	*Gemüse und Obst*	**овощно́й** **фрукто́вый**	*Gemüse-* *Obst-*
ры́нок	*Markt*	**ры́ночный**	*Markt-*
ка́сса	*Kasse*	**чек**	*Quittung, Rechnung*
оплати́ть (v.) **поку́пки**	*Einkäufe bezahlen*	**опла́чивать**	*bezahlen*
		плати́ть	*zahlen*
		зарпла́та	*Lohn, Gehalt*
		поку́пка	*Kauf, Einkauf*
телефо́н	*Telefon*	**моби́льный -**	*Mobiltelefon*
		моби́льник	*(umg.) Handy*

Дни неде́ли:
понеде́льник
вто́рник
среда́
четве́рг
пя́тница
суббо́та
воскресе́нье

в сре́ду, в пя́тницу - am Mittwoch, am Freitag (Akk.)

плати́ть/опла́чивать + Instr.,
z.B. опла́чивать поку́пки телефо́ном, нали́чными (Barzahlung), ба́нковской ка́ртой (mit Bankkarte)

ÜBEN

1 Verbinden Sie die passenden Wörter und Wendungen.

1. вчера́	A. auf dem Markt
2. купи́ть проду́кты на неде́лю	B. Warteschlange
3. в магази́не	C. Einkäufe per Handy (bargeldlos) bezahlen
4. на ры́нке	D. (Lebensmittel) für die Woche einkaufen
5. о́вощи и фру́кты	E. Gemüse und Obst
6. ка́сса	F. gestern
7. о́чередь	G. Kasse
8. оплати́ть поку́пки телефо́ном	H. im Geschäft

2 Ergänzen Sie die fehlenden Wörter.

1. Вчера́ я была́ ______________.	*Gestern war ich im Geschäft.*
2. И́горь купи́л проду́кты ______________.	*Igor hat Lebensmittel auf dem Markt gekauft.*
3. Мы оплати́ли поку́пки ______________ телефо́ном.	*Wir haben die Einkäufe an der Kasse per Handy bezahlt.*
4. __________ ты купи́л. А мя́со?	*Gemüse hast du gekauft. Und Fleisch?*
5. Ты ешь на за́втрак __________?	*Isst du zum Frühstück Obst?*

WIEDERHOLUNG

Die Geschäfte sind in Russland auch am Sonntag geöffnet.

3 Lesen Sie jetzt die folgenden Sätze auf Russisch.

1. Вчера́, в воскресе́нье, я была́ в магази́не.
2. Я купи́ла о́вощи и фру́кты, мя́со, я́йца, моло́чные проду́кты.
3. Э́то всё проду́кты на неде́лю.
4. На ка́ссе в магази́не была́ о́чередь.
5. Я оплати́ла поку́пки телефо́ном.

4 Übersetzen Sie nun die Sätze ins Deutsche.

1. ______
2. ______
3. ______
4. ______
5. ______

5 Jetzt können Sie auf der ersten Seite der Lektion alle Wörter, die Sie gelernt haben, abhaken.

AUF DEM MARKT

Diese 10 grundlegenden russischen Wörter und Wendungen lernen Sie in dieser Lektion:

031

☑ **Kann ich**	Schreibschrift	
○ Извини́те, ...	*Извините, ...*	*Entschuldigen Sie, ...*
○ Ско́лько сто́ит...?	*Сколько стоит...?*	*Was kostet ...?*
○ клубни́ка (nur Sg.)	*клубника*	*Erdbeeren*
○ рубль (m.)	*рубль*	*Rubel*
○ килогра́мм	*килограмм*	*Kilogramm*
○ вку́сный	*вкусный*	*lecker, schmackhaft*
○ Бери́те!	*Берите!*	*Nehmen Sie!*
○ до́рого	*дорого*	*teuer*
○ сда́ча	*сдача*	*Rückgeld*
○ пода́рок	*подарок*	*Geschenk*

LOS GEHT'S

1 Hören Sie sich die einzelnen Sätze mit den Lernwörtern genau an und lesen Sie mit.

032

– Извини́те, ско́лько сто́ит клубни́ка?

– Извините, сколько стоит клубника?

– Entschuldigen Sie, was kosten die Erdbeeren?

Tipp: Wiederholen Sie die Bildung des Imperativs im Russischen.

– 250 рубле́й килогра́мм. О́чень вку́сная! Бери́те!

–250 рублей килограмм. Очень вкусная! Берите!

– 250 Rubel das Kilo. Sehr lecker! Nehmen Sie!

– До́рого... Хорошо́, оди́н килогра́мм, пожа́луйста.

– Дорого... Хорошо, один килограмм, пожалуйста.

– Teuer ... Gut, ein Kilo, bitte.

– Пожа́луйста! Вот сда́ча. А вот гру́ша в пода́рок.

– Пожалуйста! Вот сдача. А вот груша в подарок.

– Bitte schön! Hier ist (Ihr) Rückgeld. Und hier ist eine Birne als Geschenk.

– Спаси́бо, до свида́ния!

– Спасибо, до свидания!

– Danke, auf Wiedersehen!

VERWANDTE WÖRTER

1 Hören Sie sich folgende Wörter und Wendungen an und lesen Sie mit.

033

Извини́те, ...	*Entschuldigen Sie, ...*	**Извини́, ...**	*Entschuldige, ...*
		извиня́ть **оскорбля́ть**	*jmdn. entschuldigen* *jmdn. beleidigen*
		извиня́ться **оскорбля́ться**	*sich entschuldigen* *sich beleidigt fühlen*
		извине́ние **оскорбле́ние**	*Entschuldigung* *Beleidigung*
Ско́лько сто́ит...?	*Was kostet ...?*	**Ско́лько сто́ят...?**	*Was kosten ...?*
		ско́лько (+ Gen.)	*wie viel*
		сто́ить	*kosten*
		сто́имость (f.)	*Wert*
		цена́	*Preis*
клубни́ка (nur Sg.)	*Erdbeeren*	**клубни́чный**	*Erdbeer-*
рубль (m.)	*Rubel*	**копе́йка**	*Kopeke*

оди́н рубль
два рубля́
пять рубле́й

одна́ копе́йка
две копе́йки
пять копе́ек

килогра́мм	*Kilogramm*	**грамм**	*Gramm*
вку́сный	*lecker, schmackhaft (Adj.)*	**вку́сно**	*lecker, schmackhaft (Adv.)*
		вкус	*Geschmack*
Бери́те!	*Nehmen Sie!*	**Бери́!**	*Nimm!*
		брать// взять	*nehmen*
до́рого	*teuer (Adv.)*	**дорого́й**	*teuer (Adj.)*
		дёшево **дешёвый**	*billig (Adv.)* *billig (Adj.)*
сда́ча	*Rückgeld*	**дава́ть**	*geben*
		сдава́ть (v.)	*abgeben*
		ме́лочь (f.)	*Kleingeld*
пода́рок	*Geschenk*	**дари́ть// подари́ть**	*schenken*

один килогра́мм
два килогра́мма
пять килогра́ммов

0,5 кг – полкило́
1,5 кг – полтора́ килогра́мма

ÜBEN

1 Verbinden Sie die passenden Wörter und Wendungen.

1. Извини́те, пожа́луйста.	A. teuer/günstig
2. Ско́лько сто́ит мя́со?	B. schmackhaft/schmeckt nicht
3. Ско́лько сто́ят гру́ши?	C. Entschuldigen Sie bitte.
4. оди́н килогра́мм	D. fünf Rubel
5. пять рубле́й	E. Rückgeld
6. до́рого/дёшево	F. Was kosten die Birnen?
7. вку́сно/невку́сно	G. ein Kilo
8. сда́ча	H. Was kostet das Fleisch?

Viele Adjektive und Adverbien können durch die Vorsilbe «не-» eine gegenteilige Bedeutung bekommen.

2 Ergänzen Sie die fehlenden Wörter.

1. Извини́те, пожа́луйста, ско́лько __________ молоко́?	*Entschuldigen Sie bitte, was kostet die Milch?*
2. Скажи́те, ско́лько __________ пельме́ни?	*Sagen Sie, was kosten die Pelmeni?*
3. Полки́ло _______________, пожа́луйста.	*Ein halbes Kilo Erdbeeren, bitte.*
4. 50 _______________ килогра́мм.	*50 Rubel das Kilo.*
5. Как _______________! / Недёшево!	*Wie teuer! / Nicht billig!*
6. Вот ва́ша __________, пожа́луйста.	*Hier ist Ihr Rückgeld, bitte.*

Wendet man sich mit einer Frage an eine andere Person, so wird die Äußerung oft mit dem Wort скажи́(те) eingeleitet.

Auch hier: Vorsilbe «не-» bezeichnet das Gegenteil.

WIEDERHOLUNG

3 Lesen Sie jetzt die folgenden Sätze auf Russisch.

1. – Извини́те, ско́лько сто́ят гру́ши?
2. – Гру́ши? Вот э́ти – 190 рубле́й килогра́мм, а э́ти – 240 рубле́й килогра́мм.
3. – Недёшево!
4. – О́чень вку́сные, бери́те! Осо́бенно вот э́ти гру́ши – о́чень хоро́шие!
5. – Ну, хорошо́! Два килогра́мма, пожа́луйста.

4 Übersetzen Sie nun die Sätze ins Deutsche.

1. ______
2. ______
3. ______
4. ______
5. ______

5 Jetzt können Sie auf der ersten Seite der Lektion alle Wörter, die Sie gelernt haben, abhaken.

12

IM RESTAURANT

Diese 10 grundlegenden russischen Wörter und Wendungen lernen Sie in dieser Lektion:

034

Kann ich		Schreibschrift	
◯	рестора́н	*ресторан*	*Restaurant*
◯	посове́товать (v.)	*посоветовать*	*empfehlen*
◯	меню́ (unv.)	*меню*	*Speisekarte*
◯	заку́ска	*закуска*	*Vorspeise*
◯	икра́	*икра*	*Kaviar*
◯	пе́рвое	*первое*	*erster Gang (Suppe)*
◯	второ́е	*второе*	*zweiter Gang (Hauptspeise)*
◯	говя́дина	*говядина*	*Rindfleisch*
◯	гриб	*гриб*	*Pilz*
◯	десе́рт	*десерт*	*Nachtisch, Dessert*

LOS GEHT'S

1 Hören Sie sich die einzelnen Sätze mit den Lernwörtern genau an und lesen Sie mit.

035

– Что бы вы мне посовéтовали из меню́?

– Что бы вы мне посоветовали из меню?

– Was würden Sie mir von der Speisekarte empfehlen?

Die Bildung des Konjunktivs: Partikel бы + Präteritum.

– Я бы посовéтовал вам на заку́ску блины́ с икрóй,

– Я бы посоветовал вам на закуску блины с икрой,

– Ich würde Ihnen Blini mit Kaviar als Vorspeise,

на пéрвое – борщ с говя́диной и пирожки́,

на первое – борщ с говядиной и пирожки,

Borschtsch mit Rindfleisch und Piroggen als ersten Gang,

Zu den typischen Torten der russischen Küche gehören z.B. «Наполеóн», «Медови́к» („Honigtorte"), «Пти́чье молокó» („Vogelmilchtorte").

на вторóе – мя́со с грибáми, а на десéрт – торт.

на второе – мясо с грибами, а на десерт – торт.

Fleisch mit Pilzen als zweiten Gang, und als Nachtisch eine Torte empfehlen.

– Прекрáсно. Так, мне, пожáлуйста, ...

– Прекрасно. Так, мне, пожалуйста, ...

– Wunderbar. Nun (wörtl.: „Also"), ich hätte gerne (wörtl.: „für mich bitte") ...

Hier verwenden Sie den Dativ.

VERWANDTE WÖRTER

1 Hören Sie sich folgende Wörter und Wendungen an und lesen Sie mit.

036

рестора́н	*Restaurant*	**рестора́нный**	*Restaurant-*
		кафе́ (unv.)	*Café*
		бли́нная	*Blinihaus*
		кофе́йня	*Kaffeehaus*
		с собо́й	*zum Mitnehmen*
посове́товать (v.)	*empfehlen, raten*	**сове́товать**	*empfehlen, raten*
		сове́т	*Ratschlag, Rat*
меню́ (unv.)	*Speisekarte*	**блю́до**	*Speise; Schüssel*
		ру́сская ку́хня	*Russische Küche*
		кавка́зская ку́хна	*Kaukasische Küche*
заку́ска	*Vorspeise*	**заку́сывать**	*eine kleine begleitende Speise zu sich nehmen*
		куса́ть	*beißen*

Im кафе́ gibt es in der Regel auch warme Gerichte.

z.B. ко́фе с собо́й – Kaffee zum Mitnehmen.

Neben der Russischen Küche ist in Russland vor allem die Kaukasische Küche sehr beliebt.

икра́	*Kaviar*	**кра́сная ~** **чёрная ~**	*roter Kaviar* *schwarzer Kaviar*
пе́рвое	*Erster Gang (Suppe)*	**на пе́рвое**	*als erster Gang*
		пе́рвый	*erster*
второ́е	*zweiter Gang (Hauptspeise)*	**на второ́е**	*als zweiter Gang*
		второ́й	*zweiter*
		гарни́р	*Beilage*
говя́дина	*Rindfleisch*	**теля́тина**	*Kalbfleisch*
		бара́нина	*Hammelfleisch*
		свини́на	*Schweinefleisch*
		ры́ба	*Fisch*
		осетри́на	*Stör*
гриб	*Pilz*	**грибно́й**	*Pilz-*
десе́рт	*Nachtisch, Dessert*	**на десе́рт** **(на) сла́дкое**	*als Nachtisch, als Dessert* *(wörtl.: als das Süße)*
		моро́женое	*Speiseeis*

Die erste Frage der Bedienung ist üblicherweise: «Что вы бу́дете пить?» („Was werden/möchten Sie trinken?"), die Sie z.B. mit «Мне, пожа́луйста, во́ду» („Für mich bitte/Ich hätte gerne Wasser") beantworten können.

ÜBEN

1 Verbinden Sie die passenden Wörter und Wendungen.

1. в рестора́не	A. Was würden Sie mir empfehlen?
2. меню́	B. als zweiten Gang
3. Что бы вы мне посове́товали?	C. Speisekarte
4. Я бы вам посове́товал(а)...	D. als ersten Gang
5. на заку́ску →	E. als Nachtisch
6. на пе́рвое	F. im Restaurant
7. на второ́е	G. als Vorspeise
8. на десе́рт	H. Ich würde Ihnen empfehlen ...

2 Ergänzen Sie die fehlenden Wörter.

1. Э́то о́чень хоро́ший ______________.	*Das ist ein sehr gutes Restaurant.*
2. У вас о́чень интере́сное _________.	*Sie haben eine sehr interessante Speisekarte.*
3. Тут о́чень вку́сные ______________.	*Hier gibt es sehr leckere Vorspeisen.*
4. Что бы вы мне ______________ на второ́е?	*Welche Hauptspeise würden Sie mir empfehlen? (wörtl.: Was würden Sie mir als zweiten Gang empfehlen?)*
5. На _________ я бы вам посове́товал торт «Наполео́н».	*Als Nachtisch würde ich Ihnen die Torte „Napoleon" empfehlen.*

WIEDERHOLUNG

3 Lesen Sie jetzt die folgenden Sätze auf Russisch.

1. – Здра́вствуйте! Что вы бу́дете пить?
2. – Мне, пожа́луйста, во́ду. У вас о́чень интере́сное меню́. Что бы вы мне посове́товали на пе́рвое и на второ́е?
3. – У нас сего́дня прекра́сные щи с пирожка́ми и осетри́на с овоща́ми.
4. – О, э́то интере́сно. Пожа́луйста, щи и осетри́ну, блины́ с икро́й на заку́ску и моро́женое с фру́ктами на десе́рт.

4 Übersetzen Sie nun die Sätze ins Deutsche.

1. ______________________________
2. ______________________________
3. ______________________________
4. ______________________________

5 Jetzt können Sie auf der ersten Seite der Lektion alle Wörter, die Sie gelernt haben, abhaken.

13

IN DER BOUTIQUE

Diese 10 grundlegenden russischen Wörter und Wendungen lernen Sie in dieser Lektion:

037

✓ **Kann ich**	Schreibschrift	
○ бути́к	*бутик*	*Boutique*
○ пла́тье	*платье*	*Kleid*
○ примеря́ть	*примерять*	*anprobieren*
○ зелёный	*зелёный*	*grün*
○ вам о́чень идёт	*вам очень идёт*	*steht Ihnen sehr gut*
○ си́ний	*синий*	*dunkelblau*
○ разме́р	*размер*	*Größe (Kleidung)*
○ цвет	*цвет*	*Farbe*
○ в са́мый раз	*в самый раз*	*passt haargenau*
○ знать	*знать*	*wissen*

LOS GEHT'S

1 Hören Sie sich die einzelnen Sätze mit den Lernwörtern genau an und lesen Sie mit.

038

– Каки́е у вас пла́тья! Я бы приме́рила э́то.

– *Какие у вас платья! Я бы примерила это.*

– Was für Kleider Sie haben! Ich würde gerne dieses anprobieren.

коне́чно – natürlich

– Коне́чно, пожа́луйста. Зелёный вам о́чень идёт.

– *Конечно, пожалуйста. Зелёный вам очень идёт.*

– (Ja) natürlich, bitte. Grün steht Ihnen sehr gut.

лу́чше – besser

– Хм, лу́чше си́нее... У вас есть разме́р 44?

– *Хм, лучше синее... У вас есть размер 44?*

– Hm, besser ein dunkelblaues (Kleid)... Haben Sie die Größe 44?

Etwas haben:
(y + Gen.) + есть (es gibt) + Nom.
Etwas nicht haben:
(y + Gen.) + нет + Gen.

– Си́него цве́та, к сожале́нию, нет. Кра́сный?

– *Синего цвета, к сожалению, нет. Красный?*

– In Dunkelblau, leider nicht. In Rot?

– О да!.. Вы зна́ете, мне в са́мый раз!

– *О да!.. Вы знаете, мне в самый раз!*

– Oh ja!... Wissen Sie, passt mir haargenau!

VERWANDTE WÖRTER

1 Hören Sie sich folgende Wörter und Wendungen an und lesen Sie mit. 039

бути́к	*Boutique*	**магази́н оде́жды**	*Bekleidungsgeschäft*
		оде́жда	*Kleidung*
пла́тье	*Kleid*	**джи́нсы** (Pl.)	*Jeans*
		ю́бка	*Rock*
		шо́рты (Pl.)	*Shorts*
		футбо́лка	*T-Shirt*
		ку́ртка	*Jacke*
		пальто́ (unv.)	*Mantel*
		ту́фли (Pl.)	*Schuhe*
		кроссо́вки (Pl.)	*Turnschuhe, Sneakers*
примеря́ть	*anprobieren*	**приме́рить** (v.)	*anprobieren*
		приме́рочная каби́нка	*Umkleidekabine*
		ме́рить **измеря́ть**	*messen* *abmessen*

Klimabedingt tragen auch heute noch viele Russinnen einen Pelzmantel (шу́ба).

Für festere Schuhe und Stiefel gibt es im Russischen das Wort боти́нки.

Nach einer Umkleidekabine fragen Sie am besten einfach: Где мо́жно приме́рить?

зелёный	*grün*	**кра́сный**	*rot*
		ора́нжевый	*orange*
		жёлтый	*gelb*
		фиоле́товый	*violett*
		бе́лый	*weiß*
		чёрный	*schwarz*
		се́рый	*grau*
... вам о́чень идёт.	*... steht Ihnen sehr gut. (Sg.)*	**... вам/тебе́ о́чень иду́т.**	*... steht Ihnen/dir sehr gut. (Pl.)*
си́ний (-яя, -ее, -ие)	*dunkelblau*	**голубо́й**	*hellblau*
разме́р	*Größe (Kleidung)*	**ме́ра**	*Maß, Maßeinheit*
цвет (Pl. -а)	*Farbe*	**цвето́к** (Pl. цветы́)	*Blume*
... в са́мый раз	*passt haargenau*		
знать	*wissen*	**зна́ние** (Pl. -ия)	*Wissen, Kenntnis*

Achten Sie auf die Unterschiede bei den Kleidungsgrößen. Der deutschen Größe 38 entspricht die russische 44, der deutschen 40 die russische 46.

ÜBEN

1 Verbinden Sie die passenden Wörter und Wendungen.

1. в магази́не оде́жды	A. Rot steht dir sehr gut.
2. в бути́ке	B. Dieser Rock passt Ihnen haargenau.
3. зелёное пла́тье	C. Dunkelblau ist Ihre Farbe!
4. примеря́ть джи́нсы	D. im Bekleidungsgeschäft
5. Си́ний – ваш цвет!	E. Jeans anprobieren
6. Кра́сный тебе́ о́чень идёт.	F. grünes Kleid
7. У вас есть разме́р 46?	G. in der Boutique
8. Э́та ю́бка вам в са́мый раз.	H. Haben Sie Größe 46?

2 Ergänzen Sie die fehlenden Wörter.

1. Како́й у вас люби́мый __________? *Was ist Ihre Lieblingsfarbe?*
2. А си́ние кроссо́вки э́того __________ у вас есть? *Haben Sie dunkelblaue Turnschuhe in dieser Größe?*
3. Э́то __________ вам в са́мый раз. *Dieses Kleid passt Ihnen haargenau.*
4. Я бы хоте́ла __________ э́ту куртку. *Ich würde gerne diese Jacke anprobieren.*
5. __________ тебе́ о́чень идёт. *Grün steht dir sehr gut.*

Си́ний gehört zu den seltenen Adjektiven mit weicher Endung: си́няя, си́нее, си́ние.

WIEDERHOLUNG

3 Lesen Sie jetzt die folgenden Sätze auf Russisch.

1. – Агá, джи́нсы... Извини́те, у вас есть размéр 42?
2. – Да... Вот, пожáлуйста.
3. – Спаси́бо. А где мóжно примéрить?
4. – Примéрочная у нас там (dort).
5. – ... Лéна, ну как?
6. – Тáня, э́ти джи́нсы тебé óчень иду́т!

4 Übersetzen Sie nun die Sätze ins Deutsche.

1. ____________________
2. ____________________
3. ____________________
4. ____________________
5. ____________________
6. ____________________

5 Jetzt können Sie auf der ersten Seite der Lektion alle Wörter, die Sie gelernt haben, abhaken.

14

MEIN STIL

Diese 10 grundlegenden russischen Wörter und Wendungen lernen Sie in dieser Lektion:

✓ Kann ich	Schreibschrift	
○ сти́льно	*стильно*	*stilvoll*
○ краси́во	*красиво*	*schön*
○ одева́ться	*одеваться*	*sich anziehen*
○ я́ркий	*яркий*	*lebhaft, leuchtend, farbenfroh*
○ удо́бный	*удобный*	*bequem*
○ обы́чно	*обычно*	*gewöhnlich*
○ноcи́ть	*носить*	*tragen (z.B. Kleidung)*
○ следи́ть за мо́дой	*следить за модой*	*modebewusst sein*
○ блог	*блог*	*Blog*
○ делово́й стиль (m.)	*деловой стиль*	*Business-Stil (Kleidung)*

LOS GEHT'S

1 Hören Sie sich die einzelnen Sätze mit den Lernwörtern genau an und lesen Sie mit.

Я о́чень люблю́ сти́льно, краси́во одева́ться.

Я очень люблю стильно, красиво одеваться.

Ich mag es sehr, stilvolle, schöne Kleidung zu tragen (wörtl.: mich ... anzuziehen).

Люблю́ я́ркие цвета́ и удо́бную оде́жду.

Люблю яркие цвета и удобную одежду.

Ich liebe starke (leuchtende) Farben und bequeme Kleidung.

Обы́чно я ношу́ джи́нсы. Но пла́тья я то́же люблю́.

Обычно я ношу джинсы. Но платья я тоже люблю.

Für gewöhnlich trage ich Jeans. Aber Kleider mag ich auch.

Слежу́ за мо́дой и чита́ю фэ́шн-бло́ги.

Слежу за модой и читаю фэшн-блоги.

Ich bin modebewusst (wörtl.: verfolge das Modegeschehen) und lese Fashion-Blogs.

А вот делово́й стиль я не люблю́. Э́то не моё.

А вот деловой стиль я не люблю. Это не моё.

Den Business-Stil mag ich (hingegen) nicht. Das ist nicht meine Sache (meins).

VERWANDTE WÖRTER

1 Hören Sie sich folgende Wörter und Wendungen an und lesen Sie mit.

042

сти́льно	*stilvoll (Adv.)*	**сти́льный**	*stilvoll (Adj.)*
		стиль (m.)	*Stil, Style*
краси́во	*schön (Adv.)*	**краси́вый**	*schön (Adj.)*
		красота́	*Schönheit*
		краса́вица	*eine Schönheit (Frau)*
		кра́сный	*rot*
		прекра́сно	*wunderschön (Adv.)*
одева́ться	*sich anziehen*	**одева́ть// оде́ть**	*(jmnd.) anziehen*
		надева́ть// наде́ть	*(etwas) anziehen*
		оде́жда	*Kleidung*
я́ркий	*lebhaft, leuchtend, farbenfroh*	**я́ркий**	*herausragend, mit starker Persönlichkeit*
		ту́склый	*matt, trist*
		ску́чный	*langweilig*

Früher trug das Adj. «кра́сный» auch die Bedeutung „schön" (heute: «краси́вый»). Das findet sich noch in einigen Redewendungen, Toponymen etc.: Кра́сная пло́щадь – Roter („Schöner") Platz.

z.B. одева́ть ребёнка в шко́лу и наде́ть ему́ ша́пку – das Kind für die Schule anziehen und ihm die Mütze anziehen

удóбный	*bequem*	**удóбства** (Pl.)	*Annehmlichkeiten*
обы́чно	*gewöhnlich (Adv.)*	**обы́чный**	*gewöhnlich (Adj.)*
		обыкновéнный	*üblich, alltäglich*
		обы́чай	*Brauch*
		чудéсно **чудéсный** **чýдо**	*wunderbar (Adv.)* *wunderbar (Adj.)* *Wunder*
носи́ть	*tragen (nicht zielgerichtet)*	**нести́**	*tragen (zielgerichtet)*
следи́ть за мóдой	*modebewusst sein*	**следи́ть** (за + Inst.)	*beobachten, verfolgen*
		след	*Spur*
		мóда	*Mode*
блог	*Blog*	**блóгер**	*Blogger(in)*
деловóй стиль	*Business-Stil*	**дéло**	*Angelegenheit, Geschäft*
		би́знес	*Business*
		óфис	*Büro*
		пиджáк	*Sakko*
		гáлстук	*Krawatte*

z.B. кварти́ра со всéми удóбствами – Wohnung mit allem Komfort

я ношý
ты нóсишь
он нóсит

ÜBEN

1 Verbinden Sie die passenden Wörter und Wendungen.

1. сти́льно одева́ться	A. schöne, farbenfrohe Kleider lieben
2. носи́ть удо́бную оде́жду	B. modebewusst sein
3. люби́ть краси́вые, я́ркие пла́тья	C. Fashion-Blogger(in)
4. обы́чно носи́ть джи́нсы	D. bequeme Kleidung tragen
5. следи́ть за мо́дой	E. sich stilvoll anziehen
6. чита́ть бло́ги о мо́де	F. keinen Business-Look mögen
7. фэшн-бло́гер	G. Blogs über Mode lesen
8. не люби́ть делово́й стиль	H. für gewöhnlich Jeans tragen

2 Ergänzen Sie die fehlenden Wörter.

1. Э́то не мой __________.	*Das ist nicht mein Stil (sich zu kleiden).*
2. Я не слежу́ за __________.	*Ich bin nicht modebewusst.*
3. В о́фисе вы ______________ делові́е пла́тья?	*Tragen Sie im Büro Business-Kleider?*
4. Матве́й лю́бит __________ футбо́лки.	*Matwej mag farbenfrohe T-Shirts.*
5. Све́та обы́чно но́сит ______________ джи́нсы.	*Für gewöhnlich trägt Sweta bequeme Jeans.*
6. Они́ лю́бят сти́льно ______________.	*Sie mögen es, sich stilvoll anzuziehen.*

Ebenso z.B. Э́то не его́ стиль. Das ist nicht seine Art (sich zu verhalten).

WIEDERHOLUNG

3 Lesen Sie jetzt die folgenden Sätze auf Russisch.

1. Я не о́чень слежу́ за мо́дой – мне э́то неинтере́сно, и, коне́чно, я не чита́ю фэшн-бло́ги.
2. Обы́чно я ношу́ удо́бные джи́нсы, я́ркие футбо́лки, сти́льные кроссо́вки.
3. Но на рабо́те у нас делово́й дресс-код, так что (sodass) га́лстук и пиджа́к я ношу́ то́же.Носи́ть их я не люблю́ (а кто лю́бит?), но рабо́та есть рабо́та.
4. А вот моя́ де́вушка мо́ду лю́бит и всегда́ я́рко и интере́сно одева́ется.

4 Übersetzen Sie nun die Sätze ins Deutsche.

1. ____
2. ____
3. ____
4. ____

5 Jetzt können Sie auf der ersten Seite der Lektion alle Wörter, die Sie gelernt haben, abhaken.

15

KRANKHEIT

Diese 10 grundlegenden russischen Wörter und Wendungen lernen Sie in dieser Lektion:

043

Kann ich	Schreibschrift	
○ чу́вствовать себя́ пло́хо	*чувствовать себя плохо*	sich schlecht fühlen
○ сла́бость (f.)	*слабость*	Schwäche
○ голова́	*голова*	Kopf
○ боле́ть	*болеть*	schmerzen; krank sein
○ мо́жет (быть)	*может (быть)*	vielleicht
○ ме́рить температу́ру	*мерить температуру*	Fieber messen
○ ду́мать	*думать*	denken
○ взять (v.) больни́чный	*взять больничный*	sich krankschreiben lassen
○ звони́ть врачу́	*звонить врачу*	Arzt anrufen
○ зава́риватьть чай	*заваривать чай*	Tee zubereiten

LOS GEHT'S

1 Hören Sie sich die einzelnen Sätze mit den Lernwörtern genau an und lesen Sie mit.

044

- Ми́ша, как ты себя́ чу́вствуешь?

- Миша, как ты себя чувствуешь?

- Mischa, wie fühlst du dich?

- Пло́хо. Сла́бость, голова́ боли́т...

- Плохо. Слабость, голова болит...

- Nicht gut. Schwäche, Kopf (tut mir) weh ...

- Мо́жет, у тебя́ температу́ра? Поме́рь!

- Может, у тебя температура? Померь!

- Vielleicht hast du Fieber? Miss mal.

- О, 38,9... Ду́маю, я возьму́ больни́чный.

- О, 38,9... Думаю, я возьму больничный.

- Oh, 38,9 ... Ich denke, ich lasse mich krankschreiben (wörtl.: nehme eine Krankschreibung).

- Да, позвони́ врачу́. А я заварю́ тебе́ чай.

- Да, позвони врачу. А я заварю тебе чай.

- Ja, rufe den Arzt an. Und ich mache dir einen Tee.

VERWANDTE WÖRTER

1 Hören Sie sich folgende Wörter und Wendungen an und lesen Sie mit.

чу́вствовать себя́ пло́хо	*sich schlecht fühlen*	**чу́вствовать**	*fühlen*
		чу́вство (Pl. -ва)	*Gefühl*
сла́бость (f.)	*Schwäche*	**сла́бо** **сла́бый**	*schwach (Adv.)* *schwach (Adj.)*
		си́ла	*Stärke, Kraft*
		си́льно **си́льный**	*stark, kräftig (Adv.)* *stark, kräftig (Adj.)*
голова́	*Kopf*	**глава́**	*Oberhaupt; Kapitel*
		глаз (Pl. -á)	*Augen*
		у́хо (Pl. у́ши)	*Ohren*
		го́рло	*Hals*
боле́ть	*schmerzen; krank sein*	**боль** (f.)	*Schmerz*
		боле́знь (f.)	*Krankheit*
		больни́ца **поликли́ника**	*Krankenhaus* *Poliklinik*
		больно́й **пацие́нт(ка)**	*Kranker; krank* *Patient(in)*
		бо́лен, больна́, больны́	*krank sein (Adj.)*

«себя́» wird für alle Personen gleich verwendet:
– Как ты себя́ чу́вствуешь?
– Я чу́вствую себя́ хорошо́.

голова́ боли́т
глаза́ боля́т

я боле́ю
ты боле́ешь

я, ты, он бо́лен
она́ больна́
мы, вы, они́ больны́

мóжет (быть)	*vielleicht*	**навéрное**	*wahrscheinlich*
мéрить температýру	*Fieber messen*	**помéрить** (v.)	*messen*
		температýра	*Fieber; Temperatur*
дýмать	*denken*	**подýмать** (v.)	*denken*
		дýма	*Duma, Parlament*
взять (v.) **больни́чный**	*sich krankschreiben lassen*	**брать// взять**	*nehmen*
		больни́чный (лист)	*Krankschreibung, Krankenschein*
		больни́чный	*Krankenhaus-*
звони́ть врачу	*Arzt anrufen*	**звони́ть// позвони́ть**	*anrufen*
		звонóк	*Anruf*
		врач	*Arzt, Ärztin*
завáривать чай	*Tee zubereiten*	**завари́ть** (v.)	*Tee zubereiten*
		вари́ть	*kochen*

Dúma – russ. Parlament, Unterhaus der Föderationsversammlung

Anders als im Deutschen steht im Russischen звони́ть mit dem Dativ.

ÜBEN

1 Verbinden Sie die passenden Sätze.

1. Как вы себя́ чу́вствуете?
2. Я чу́вствую себя́ пло́хо.
3. У меня́ сла́бость.
4. У меня́ боли́т голова́.
5. Мо́жет быть, у вас грипп?
6. Поме́рьте температу́ру.
7. Позвони́те врачу́.
8. Возьми́те больни́чный.

A. Es geht mir schlecht.
B. Ich habe Kopfschmerzen.
C. Messen Sie Fieber.
D. Wie fühlen Sie sich?
E. Lassen Sie sich krankschreiben.
F. Rufen Sie den Arzt an.
G. Vielleicht haben Sie Grippe?
H. Ich habe Schwächegefühl.

2 Ergänzen Sie die fehlenden Wörter.

1. Я не о́чень хорошо́ себя́ ______________.

   Ich fühle mich nicht besonders gut.

2. У меня́ нет ______________. Но у меня́ ______________.

   Ich habe kein Fieber. Ich fühle mich aber schwach.

3. Боли́т ______________, ______________ глаза́ и у́ши.

   Ich habe Kopfschmerzen, Augen und Ohren tun mir weh.

4. Я позвоню́ ______________ и возьму́ ______________.

   Ich rufe den Arzt an und lasse mich krankschreiben.

5. Я ______________ себе́ чай.

   Ich mache mir einen Tee.

«себе́»: Dativ von «себя́».

WIEDERHOLUNG

3 Lesen Sie jetzt die folgenden Sätze auf Russisch.

1. – Ли́за, как ты себя́ чу́вствуешь?
2. – Не о́чень хорошо́, ма́ма. Си́льно боли́т голова́, и го́рло то́же.
3. – Температу́ра есть? Ты поме́рила?
4. – Температу́ры нет.
5. – Я заварю́ тебе́ чай.

4 Übersetzen Sie nun die Sätze ins Deutsche.

1. ______________________________
2. ______________________________
3. ______________________________
4. ______________________________
5. ______________________________

5 Jetzt können Sie auf der ersten Seite der Lektion alle Wörter, die Sie gelernt haben, abhaken.

16

GESUNDHEIT

Diese 10 grundlegenden russischen Wörter und Wendungen lernen Sie in dieser Lektion:

✓ Kann ich	Schreibschrift	
○ свой	*свой*	eigen
○ следи́ть за сво́им здоро́вьем	*следить за своим здоровьем*	auf die Gesundheit achten
○ дие́та	*диета*	Diät
○ (мно́го) дви́гаться	*(много) двигаться*	sich (viel) bewegen
○ просто́й	*простой*	einfach
○ здоро́вый	*здоровый*	gesund
○ пи́ща	*пища*	Nahrung, Essen
○ сам	*сам*	selbst
○ (не) допуска́ть стресс	*(не) допускать стресс*	(keinen) Stress zulassen
○ медити́ровать	*медитировать*	meditieren

LOS GEHT'S

1 Hören Sie sich die einzelnen Sätze mit den Lernwörtern genau an und lesen Sie mit.

047

Я слежу́ за свои́м здоро́вьем.

Я слежу за своим здоровьем.

Ich achte auf meine (wörtl.: eigene) Gesundheit.

> следи́ть за свои́м здоро́вьем = занима́ться свои́м здоро́вьем

Дие́ты – э́то не моё.

Диеты – это не моё.

Diäten, das ist nichts für mich (wörtl.: nicht meins).

Я мно́го дви́гаюсь и занима́юсь спо́ртом.

Я много двигаюсь и занимаюсь спортом.

Ich bewege mich viel und treibe Sport.

Я ем просту́ю и здоро́вую пи́щу, сам гото́влю.

Я ем простую и здоровую пищу, сам готовлю.

Ich esse einfaches und gesundes Essen, koche selbst.

Я не допуска́ю стресс. Медити́рую и отдыха́ю.

Я не допускаю стресс. Медитирую и отдыхаю.

Ich lasse keinen Stress aufkommen. Ich meditiere und erhole mich.

VERWANDTE WÖRTER

1 Hören Sie sich folgende Wörter und Wendungen an und lesen Sie mit. 048

свой	*eigen*	**своя́, своё, свои́**	*eigene (f.), eigenes, eigene (Pl.)*
		де́лать по-сво́ему	*nach eigenem Gutdünken handeln*
		чужо́й	*fremd*
дие́та	*Diät*	**диети́ческий**	*Diät-*
		быть на дие́те	*auf Diät sein*
		соблюда́ть дие́ту	*eine Diät einhalten*
		счита́ть кало́рии	*Kalorien zählen*
мно́го дви́гаться	*sich viel bewegen*	**ма́ло**	*wenig*
		движе́ние	*Bewegung*
		дви́гатель (m.)	*Motor, Antrieb*
просто́й (-а́я, -о́е, -и́е)	*einfach (Adj.)*	**про́сто**	*einfach (Adv.)*
здоро́вый	*gesund*	**здоро́вье**	*Gesundheit*
		боле́знь (f.)	*Krankheit*
		здоро́вый о́браз жи́зни (ЗОЖ)	*gesunde Lebensweise*
		лече́ние	*(med.) Behandlung*
		лечи́ть	*(med.) behandeln*

свой дом, своя́ кварти́ра, своё де́ло – das eigene Haus, die eigene Wohnung/Eigentumswohnung, das eigene Geschäft/Business

z.B. вести́ здоро́вый о́браз жи́зни – ein gesundes Leben führen

пи́ща	*Nahrung, Essen*	**пищево́й**	*Nahrungs-*
		пита́ние	*Ernährung*
		пита́ться	*sich ernähren*
		пра́вильно	*richtig, korrekt*
		голода́ть	*hungern, auch: heilfasten*
		го́лод	*Hunger, auch: Heilfasten*
		пост	*Fasten (kirchl.)*
сам	*selbst*	**сама́, само́, са́ми**	*selbst*
		самостоя́тельный самостоя́тельно	*eigen-/selbständig (Adj.) (Adv.)*
(не) допуска́ть стресс	*(keinen) Stress zulassen*	**стре́ссовый**	*Stress-*
		стре́ссовая ситуа́ция	*stressige Situation*
медити́ровать	*meditieren*	**медита́ция**	*Meditation*

z.B. пищевы́е доба́вки – Nahrungsergänzungsmittel

z.B. пита́ться пра́вильно – sich richtig ernähren

z.B. Я сам! – Das mache ich selbst!

ÜBEN

1 Verbinden Sie die passenden Sätze.

1. Следи́ за свои́м здоро́вьем!
2. Мно́го дви́гайся!
3. Ешь просту́ю и здоро́вую пи́щу!
4. Гото́вь сам!
5. Не допуска́й стресс!
6. Медити́руй и отдыха́й!

A. Nimm einfache und gesunde Nahrung zu dir.
B. Lasse keinen Stress zu.
C. Meditiere und erhole dich.
D. Bewege dich viel.
E. Achte auf deine Gesundheit!
F. Koche selbst.

2 Ergänzen Sie die fehlenden Wörter.

1. – Све́та, бу́дешь ещё пельме́ни? И́ли ты сего́дня на _________?

   – *Sweta, noch einige Pelmeni? Oder bist du heute auf Diät?*

2. – Спаси́бо, Зо́я. Нет, я не на дие́те и не _________.

   – *Danke, Zoja. Nein, ich bin nicht auf Diät und ich faste nicht.*

3. Я тепе́рь бе́гаю три ра́за в неде́лю и мно́го _________.

   Ich jogge drei Mal in der Woche und bewege mich viel.

4. – Как интере́сно! А я занима́юсь йо́гой и _____________.

   – *Wie interessant! Und ich mache Yoga und meditiere.*

5. На рабо́те мно́го _________ и йо́га мне хорошо́ помога́ет.

   Ich habe viel Stress auf der Arbeit und da hilft mir Yoga gut.

раз = Mal
оди́н раз
два ра́за
пять раз

WIEDERHOLUNG

3 Lesen Sie jetzt die folgenden Sätze auf Russisch.

1. У нас в семье́ все следя́т за свои́м здоро́вьем.
2. Моя́ сестра́ пра́вильно пита́ется и два ра́за в год соблюда́ет дие́ту.
3. Я не голода́ю и дие́ты не люблю́. Я занима́юсь спо́ртом: бе́гаю три ра́за в неде́лю, пла́ваю, занима́юсь йо́гой и медити́рую.
4. А ещё ра́но ложу́сь спать и ра́но встаю́, сама́ гото́влю за́втрак и не пью ко́фе.

4 Übersetzen Sie nun die Sätze ins Deutsche.

1. ______________________________
2. ______________________________
3. ______________________________
4. ______________________________

5 Jetzt können Sie auf der ersten Seite der Lektion alle Wörter, die Sie gelernt haben, abhaken.

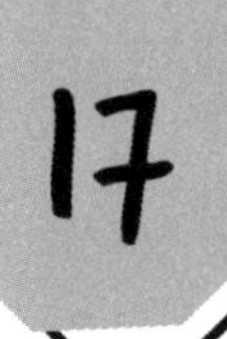

AUSSEHEN UND CHARAKTER

Diese 10 grundlegenden russischen Wörter und Wendungen lernen Sie in dieser Lektion:

049

Kann ich	Schreibschrift	
◯ у́мный	*умный*	*klug*
◯ весёлый	*весёлый*	*fröhlich, lustig, witzig*
◯ высо́кий	*высокий*	*hoch, hochgewachsen*
◯ стро́йный	*стройный*	*schlank*
◯ спорти́вный	*спортивный*	*sportlich*
◯ дли́нный	*длинный*	*lang*
◯ све́тлый	*светлый*	*hell*
◯ во́лосы	*волосы*	*Haare*
◯ лёгкий хара́ктер	*лёгкий характер*	*umgänglicher (leichter) Charakter*
◯ си́льная во́ля	*сильная воля*	*starker Wille*

LOS GEHT'S

1 Hören Sie sich die einzelnen Sätze mit den Lernwörtern genau an und lesen Sie mit.

050

Моя́ де́вушка о́чень у́мная, весёлая и краси́вая.

Моя девушка очень умная, весёлая и красивая.

Meine Freundin ist sehr klug, fröhlich (witzig) und schön.

Она́ высо́кая, стро́йная и спорти́вная.

Она высокая, стройная и спортивная.

Sie ist groß (hochgewachsen), schlank und sportlich.

У неё ка́рие глаза́ и дли́нные све́тлые во́лосы.

У неё карие глаза и длинные светлые волосы.

Sie hat braune Augen und lange helle Haare.

> Das Adjektiv ка́рий (braun) wird nur in Verbindung mit dem Substantiv глаза́ verwendet.

У неё лёгкий хара́ктер и си́льная во́ля.

У неё лёгкий характер и сильная воля.

Sie hat einen umgänglichen Charakter und einen starken Willen.

Нам хорошо́ вме́сте.

Нам хорошо вместе.

Wir fühlen uns gut zusammen. (Uns geht es gut, wenn wir zusammen sind).

VERWANDTE WÖRTER

1 Hören Sie sich folgende Wörter und Wendungen an und lesen Sie mit. 051

у́мный	*klug*	**глу́пый**	*dumm*
		ум	*Verstand*
		остроу́мный **о́стрый**	*geistreich, humorvoll* *scharf*
весёлый	*fröhlich*	**гру́стный**	*traurig*
		печа́льный	*traurig*
высо́кий	*hoch, hochgewachsen*	**невысо́кий**	*nicht groß von Wuchs*
		большо́й **ма́ленький**	*groß* *klein*
		ста́тный	*stattlich*
		изя́щный	*zierlich*
стро́йный	*schlank*	**то́лстый**	*dick*
спорти́вный	*sportlich*	**неспорти́вный**	*unsportlich*
		выно́сливый	*ausdauerfähig*
дли́нный	*lang*	**коро́ткий**	*kurz*
све́тлый	*hell*	**тёмный**	*dunkel*

гру́стный und печа́льный sind Synonyme

во́лосы (Pl.)	*Haare*	**кудря́вый**	*gelockt*
		прямо́й	*gerade, glatt*
		борода́	*Bart*
лёгкий хара́ктер	*umgänglicher (leichter) Charakter*	**хара́ктер**	*Charakter*
		тяжёлый	*schwer*
		сло́жный	*kompliziert*
		че́стный	*ehrlich*
		поря́дочный	*anständig*
си́льная во́ля	*starker Wille*	**во́ля**	*Wille*
		сла́бый	*schwach*
		волево́й **безво́льный**	*willensstark* *willensschwach*

ÜBEN

1 Verbinden Sie die passenden Wendungen.

1. у́мная де́вушка	A. ein sportlicher Kollege
2. весёлый па́рень	B. umgänglicher (leichter) Charakter
3. высо́кий спортсме́н	C. helle Augen
4. спорти́вный колле́га	D. eine kluge junge Frau
5. све́тлые глаза́	E. starker Wille
6. дли́нные во́лосы	F. ein fröhlicher (gewitzter) junger Mann
7. лёгкий хара́ктер	G. lange Haare
8. си́льная во́ля	H. ein hochgewachsener Sportler

2 Ergänzen Sie die fehlenden Wörter.

1. Мой друг Матве́й – __________ и __________ па́рень.

   Mein Freund Matwej ist ein kluger und fröhlicher (gewitzter) Kerl.

2. Мои́ бра́тья – __________ и __________.

   Meine Brüder sich hochgewachsen und sportlich.

3. У Ста́са ка́рие __________.

   Stas hat braune Augen.

4. У него́ коро́ткие тёмные __________.

   Er hat kurze dunkle Haare.

5. У Ники́ты __________ во́ля.

   Nikita hat einen starken Willen.

WIEDERHOLUNG

3 Lesen Sie jetzt die folgenden Sätze auf Russisch.

1. Мой пáрень ýмный и весёлый. С ним всегдá интерéсно.
2. Он невысóкий, но óчень сúльный и спортúвный.
3. У негó кáрие глазá и корóткие, тёмные вóлосы.
4. И у негó, и у меня́ не сáмый лёгкий (nicht der leichteste) харáктер, но нам хорошó вмéсте.

4 Übersetzen Sie nun die Sätze ins Deutsche.

1. ______________________________

2. ______________________________

3. ______________________________

4. ______________________________

5 Jetzt können Sie auf der ersten Seite der Lektion alle Wörter, die Sie gelernt haben, abhaken.

Feste feiern

Diese 10 grundlegenden russischen Wörter und Wendungen lernen Sie in dieser Lektion:

Kann ich	Schreibschrift	
○ пра́здник	*праздник*	*Fest*
○ День рожде́ния (m.)	*День рождения*	*Geburtstag*
○ обожа́ть	*обожать*	*jmd. ausgesprochen gernhaben oder etw. gerne machen*
○ са́мый	*самый*	*Wort vor Adj. zur Bildung des Superlativs*
○ Но́вый год	*Новый год*	*Neujahrsfest, Silvester*
○ Рождество́	*Рождество*	*Weihnachten*
○ отмеча́ть	*отмечать*	*(ein Fest) begehen, feiern*
○ ходи́ть в це́рковь	*ходить в церковь*	*in die Kirche gehen*
○ пра́здновать	*праздновать*	*feiern*
○ Па́сха	*Пасха*	*Ostern*

LOS GEHT'S

1 Hören Sie sich die einzelnen Sätze mit den Lernwörtern genau an und lesen Sie mit.

053

– Каки́е пра́здники лю́бит ва́ша семья́?

– *Какие праздники любит ваша семья?*

– Welche Feste mag Ihre/Eure Familie?

– Коне́чно, дни рожде́ния. Де́ти обожа́ют пода́рки!

– *Конечно, дни рождения. Дети обожают подарки!*

– Natürlich die Geburtstage. Kinder lieben so sehr die Geschenke!

Наш са́мый люби́мый пра́здник – Но́вый год.

Наш самый любимый праздник – Новый год.

Unser Lieblingsfest ist Neujahr.

> Но́вый год (31.12) ist das wichtigste und beliebteste Fest in Russland und wird – wie Weihnachten in Deutschland – meist im Familienkreis gefeiert.

Рождество́ мы отмеча́ем, но в це́рковь не хо́дим.

Рождество мы отмечаем, но в церковь не ходим.

Weihnachten feiern wir auch, gehen aber nicht in die Kirche.

> Рождество́ (orthodoxe Weihnachten, 07.01) hat in Russland keinen so hohen Stellenwert wie in Deutschland und wird vorrangig in den christlichen Familien begangen.

Мы ещё пра́зднуем Па́сху. Э́то краси́вый пра́здник.

Мы ещё празднуем Пасху. Это красивый праздник.

Außerdem feiern wir noch Ostern. Das ist ein schönes Fest.

> Als Fest mit schönen Traditionen wird Па́сха nicht nur von Gläubigen gefeiert.

VERWANDTE WÖRTER

1 Hören Sie sich folgende Wörter und Wendungen an und lesen Sie mit. 054

пра́здник	*Fest*	**пра́здничный**	*festlich, Fest-*
		-ое настрое́ние	*festliche Stimmung*
		-ое блю́до	*Festessen, Festmahl*
		-ый стол	*Festtisch*
День рожде́ния (m.)	*Geburtstag*	**рожде́ние**	*Geburt*
		дари́ть/получа́ть пода́рки	*Geschenke machen (schenken)/erhalten*
са́мый	*Wort vor Adj. zur Bildung des Superlativs*	**са́мая, са́мое, са́мые**	*Wort vor Adj. zur Bildung des Superlativs (f., n., Pl.)*
Но́вый год	*Neujahrsfest, Silvester*	**но́вый** **ста́рый**	*neu* *alt*
		новогóдний	*Neujahrs-*
		-ие фи́льмы, фейерве́рки	*Neujahrsfilme, -feuerwerk*
		наряжа́ть ёлку	*Tannenbaum (Christbaum) schmücken*
		накрыва́ть стол	*den Tisch decken*
		приглаша́ть друзе́й	*Freunde einladen*
		пить шампа́нское	*Champagner trinken*
		произноси́ть тост	*einen Trinkspruch aussprechen*

Vor allem junge Erwachsenen, die das Neujahrsfest im Kreis der Familie begangen haben, feiern gerne am 14.01. Ста́рый Но́вый год (das Alte Neujahrsfest nach julianischem Kalender) mit Freunden.

Рождество́	*Weihnachten*	**ве́рующий (-ая, - ие)**	*Gläubiger*
		ве́ра	*Glaube*
		ве́рить (в + Akk.) **ве́рить в Бо́га**	*glauben (an)* *glauben an Gott*
		Бог	*Gott*
		ва́жный	*wichtig*
ходи́ть в це́рковь	*in die Kirche gehen*	**ходи́ть** (unbest.) **идти́** (best.)	*gehen* *gehen*
		це́рковь (f.)	*Kirche*
пра́здновать	*feiern*	**пра́зднество**	*Feierlichkeit*
Па́сха	*Ostern*	**пасха́льный**	*Oster-*
		кра́сить я́йца	*Eier färben*
		печь куличи́	*Osterkuchen backen*

Wichtige unpräfigierten Verben der Fortbewegung als Entsprechung zum deutschen „gehen“:

ходи́ть:
я хожу́
ты хо́дишь
они хо́дят

идти́:
я иду́
ты идёшь
они иду́т

ÜBEN

1 Verbinden Sie die passenden Wendungen.

1. День рожде́ния	A. das Neujahrsfest
2. обожа́ть пода́рки	B. in die Kirche gehen
3. Но́вый год	C. Geburtstag
4. са́мый люби́мый пра́здник	D. Ostern feiern
5. отмеча́ть Рождество́	E. das Lieblingsfest
6. ходи́ть в це́рковь	F. Weihnachten feiern
7. пра́здновать Па́сху	G. sehr die Geschenke lieben

2 Ergänzen Sie die fehlenden Wörter.

1. Како́й твой __________ люби́мый __________?

   Welches Fest ist dein Lieblingsfest?

2. Ну, наве́рное, __________ __________. Э́то весёлый __________.

   Nun, wahrscheinlich, das Neue Jahr. Das ist ein fröhliches Fest.

3. Ещё я люблю́ Ма́сленицу и __________.

   Auch liebe ich die Butterwoche und Ostern.

4. А вот мой __________ __________ не о́чень люблю́.

   Aber meinen Geburtstag mag ich nicht so sehr.

5. Я о́чень люблю́ __________ пода́рки и __________ ходи́ть на Дни рожде́ния друзе́й.

   Ich mache sehr gerne Geschenke und gehe sehr, sehr gerne zu den Geburtstagsfeiern der Freunde.

Mit der Butterwoche (Ма́сленица) verabschieden die Russen sich vom Winter und feiern ausgiebig vor Beginn der Fastenzeit.

WIEDERHOLUNG

3 Lesen Sie jetzt die folgenden Sätze auf Russisch.

1. Семья́ моего́ дру́га – о́чень ве́рующая.
2. Коне́чно, они́ лю́бят и пра́зднуют Но́вый год.
3. Но Рождество́ для них – то́же о́чень ва́жный пра́здник.
4. На Рождество́ они́ всегда́ хо́дят в це́рковь.
5. На Па́сху, коне́чно, то́же. И на Па́сху у них о́чень вку́сные куличи́!

4 Übersetzen Sie nun die Sätze ins Deutsche.

1. ______________________________
2. ______________________________
3. ______________________________
4. ______________________________
5. ______________________________

5 Jetzt können Sie auf der ersten Seite der Lektion alle Wörter, die Sie gelernt haben, abhaken.

19

AM FLUGHAFEN

Diese 10 grundlegenden russischen Wörter und Wendungen lernen Sie in dieser Lektion:

055

Kann ich	Schreibschrift	
◯ рейс	*рейс*	*Flug*
◯ аэропóрт	*аэропорт*	*Flughafen*
◯ метрó (unv.)	*метро*	*U-Bahn*
◯ таксú (unv.)	*такси*	*Taxi*
◯ билéт	*билет*	*Ticket*
◯ летéть	*лететь*	*fliegen*
◯ пересáдка	*пересадка*	*Umstieg*
◯ нéрвничать	*нервничать*	*nervös sein*
◯ самолёт	*самолёт*	*Flugzeug*
◯ терминáл	*терминал*	*Terminal*

LOS GEHT'S

1 Hören Sie sich die einzelnen Sätze mit den Lernwörtern genau an und lesen Sie mit.

056

Мой рейс зáвтра в 5:30 утрá.

Мой рейс завтра в 5:30 утра.

Mein Flug geht morgen um 5:30 Uhr in der Früh.

Я поéду в аэропóрт не на метрó, а на таксú.

Я поеду в аэропорт не на метро, а на такси.

Ich fahre zum Flughafen nicht mit der U-Bahn, sondern mit dem Taxi.

Мой билéт недорогóй: я лечý с пересáдками.

Мой билет недорогой: я лечу с пересадками.

Mein Ticket ist nicht teuer: Ich fliege mit Umstiegen.

Я немнóго нéрвничаю – не люблю́ самолёты.

Я немного нервничаю – не люблю самолёты.

Ich bin etwas nervös – (ich) mag keine Flugzeuge.

> Bei den vollendeten Verben haben die „Präsensformen" futurische Bedeutung, hier wörtl.: werde trinken, werde kaufen.

В терминáле я вы́пью кóфе и куплю́ подáрки.

В терминале я выпью кофе и куплю подарки.

Am Terminal trinke ich Kaffee und kaufe Geschenke.

VERWANDTE WÖRTER

1 Hören Sie sich folgende Wörter und Wendungen an und lesen Sie mit.

057

рейс	*Flug*	**прямо́й ~**	*Direktflug*
		у́тренний **вече́рний**	*Morgen-* *Abend-*
		отправля́ться **прибыва́ть**	*abfahren, abfliegen* *ankommen*
		отправле́ние **прибы́тие**	*Abfahrt, Abflug* *Ankunft*
		заде́рживаться	*sich verzögern, verspäten*
		опа́здывать **опозда́ние**	*sich verspäten* *Verspätung*
аэропо́рт	*Flughafen*	**порт**	*Hafen*
		докуме́нты	*(Reise)unterlagen, Dokumente*
		па́спорт	*Ausweis, Pass*
		регистра́ция	*Registrierung, Check-in*
		поса́дка	*Boarding*
		бага́ж	*Gepäck*

метро́ (unv.)	*U-Bahn*	**электри́чка**	*S-Bahn*
		авто́бус	*Bus*
		маши́на	*Auto*
такси́ (unv.)	*Taxi*	**брать// взять такси́**	*Taxi nehmen*
биле́т	*Ticket*	**брони́ровать// заброни́ровать**	*reservieren*
		бронь (f.)	*Reservierung*
		оплати́ть (v.)	*bezahlen*
лете́ть (best.)	*fliegen*	**лета́ть** (unbest.)	*fliegen*
		полёт	*Flug*
		лётчик пило́т	*Flieger, Pilot Pilot*
переса́дка	*Umstieg*	**переса́живаться// пересе́сть**	*umsteigen*
не́рвничать	*nervös sein*	**не́рвы** (Pl.)	*Nerven*
самолёт	*Flugzeug*	**пассажи́р пассажи́рский**	*Passagier Personen-*
термина́л	*Terminal*	**тамо́жня**	*Zoll*
		табло́	*Anzeigetafel*

брать: я беру́, ты берёшь, они беру́т

взять: я возьму́, ты возьмёшь, они возьму́т

Wichtige unpräfigierten Verben der Fortbewegung als Entsprechung zum deutschen „fliegen“:

лете́ть: я лечу́, ты лети́шь, они летя́т

лета́ть: я лета́ю, ты лета́ешь, они лета́ют

ÜBEN

1 Verbinden Sie die passenden Wendungen.

1. у́тренний рейс	A. mit dem Taxi (los)fahren
2. е́хать в аэропо́рт	B. mit Umstiegen fliegen
3. (по)е́хать на такси́	C. Tee am Terminal trinken
4. (по)е́хать на метро́	D. Morgenflug
5. дорого́й биле́т	E. nicht nervös sein
6. лете́ть с переса́дками	F. mit der U-Bahn (los)fahren
7. не не́рвничать	G. zum Flughafen fahren
8. (по)пи́ть чай в термина́ле	H. teures (Flug)ticket

2 Ergänzen Sie die fehlenden Wörter.

1. – Мари́на, у тебя́ прямо́й __________?

   – Marina, hast du einen Direktflug?

2. – Нет, с _______________ в Петербу́рге.

   – Nein, mit einem Umstieg in Sankt-Petersburg.

3. – Ты поéдешь в __________ на электри́чке?

   – Fährst du zum Flughafen mit der S-Bahn?

4. – Нет, на «Аэроэкспре́ссе» и́ли на __________.

   – Nein, mit dem „Aeroexpress" oder mit dem Taxi.

5. – А ____________ у тебя како́й? Наверное, B?

   – Und was für Terminal hast du? Wahrscheinlich, B?

«Аэроэкспре́сс» – Schnellzugverbindungen zwischen dem Moskauer Zentrum und den wichtigsten Moskauer Flughäfen.

WIEDERHOLUNG

3 Lesen Sie jetzt die folgenden Sätze auf Russisch.

1. За́втра я лечу́ в Москву́.
2. Мой самолёт в во́семь ве́чера. У меня́ прямо́й рейс.
3. В аэропо́рт я пое́ду на электри́чке, а в Москве́ возьму́ такси́.
4. Я люблю́ лета́ть и люблю́ самолёты.
5. В аэропорту́, в термина́ле, я вы́пью ко́фе и посмотрю́, что есть в дью́ти-фри.

4 Übersetzen Sie nun die Sätze ins Deutsche.

1. ______________________________
2. ______________________________
3. ______________________________
4. ______________________________
5. ______________________________

5 Jetzt können Sie auf der ersten Seite der Lektion alle Wörter, die Sie gelernt haben, abhaken.

20

AM BAHNHOF

Diese 10 grundlegenden russischen Wörter und Wendungen lernen Sie in dieser Lektion:

Kann ich	Schreibschrift	
○ по́езд	*поезд*	*Zug*
○ час	*час*	*Stunde*
○ чемода́н	*чемодан*	*Koffer*
○ подвезти́ (до + Gen.) (v.)	*подвезти (до)*	*(mit dem Auto) bringen/ mitnehmen (zu, bis)*
○ вокза́л	*вокзал*	*Bahnhof*
○ подожда́ть (v.)	*подождать*	*warten, abwarten*
○ зал ожида́ния	*зал ожидания*	*Wartehalle*
○ перро́н	*перрон*	*Bahnsteig*
○ путеше́ствовать	*путешествовать*	*reisen*
○ почти́	*почти*	*fast, beinahe*

LOS GEHT'S

❶ Hören Sie sich die einzelnen Sätze mit den Lernwörtern genau an und lesen Sie mit.

Мой по́езд отправля́ется в три часа́ дня.

Мой поезд отправляется в три часа дня.

Mein Zug fährt um drei Uhr nachmittags ab.

У меня́ тяжёлый чемода́н.

У меня тяжёлый чемодан.

Ich habe einen schweren Koffer.

Мой друг подвезёт меня́ до вокза́ла.

Мой друг подвезёт меня до вокзала.

Mein Freund bringt mich (mit dem Auto) zum Bahnhof.

Там я подожду́ в за́ле ожида́ния и́ли на перро́не.

Там я подожду в зале ожидания или на перроне.

Dort warte ich (etwas) in der Wartehalle oder am Bahnsteig.

Люблю́ путеше́ствовать!

Люблю путешествовать!

(Ich) liebe es zu reisen!

VERWANDTE WÖRTER

1 Hören Sie sich folgende Wörter und Wendungen an und lesen Sie mit.

060

по́езд	*Zug*	**ночно́й ~**	*Nachtzug*
		скоростно́й ~	*Schnellzug*
		ваго́н	*Wagen*
		купе́ (unv.)	*Abteil*
		ме́сто **ве́рхнее ~** **ни́жнее ~**	*Platz* *oberer Liegeplatz* *unterer Liegeplatz*
		проводни́к **-ни́ца**	*Zugbegleiter* *Zugbegleiterin*
час	*Stunde*	**мину́та**	*Minute*
		секу́нда	*Sekunde*
		часы́ (Pl.)	*Uhr*
чемода́н	*Koffer*	**су́мка**	*Tasche*
подвезти́ (до + Gen., v.)	*(mit dem Auto) bringen/ mitnehmen*	**подвози́ть** (uv.)	*(mit dem Auto) bringen/ mitnehmen*
вокза́л	*Bahnhof*	**гла́вный ~**	*Hauptbahnhof*
		железнодоро́жный ~	*Eisenbahn-Bahnhof*
		желе́зная доро́га	*Eisenbahn*

Ско́лько вре́мени? Wie spät es ist?
оди́н час одна́ мину́та, два часа́ две мину́ты, пять часо́в пять мину́т

Во ско́лько? (Akk.) Um wie viel Uhr?
в оди́н час одну́ мину́ту, в два часа́ две мину́ты, в пять часо́в пять мину́т

In Russland reisen Sie mit РЖД (Росси́йские желе́зные доро́ги) - Russische Eisenbahnlinien.

подождáть (v.)	*warten, abwarten*	**ждать** (uv.)	*warten*
зал ожидáния	*Wartehalle*	**ожидáние**	*Warten*
перрóн	*Bahnsteig*	**путь** (m.)	*Weg; hier: Gleis*
		перехóд	*Übergang*
		эскалáтор	*Rolltreppe*
		встречáть	*(einen Reisenden) treffen, abholen*
		провожáть	*auf die Reise begleiten, hinbringen*
путешéст-вовать	*reisen*	**путешéствие**	*Reise*
		путешéствовать на машúне/на велосипéде	*mit dem Auto/Fahrrad reisen*
		отпрáвиться в ~	*eine Reise antreten*
		путешéственник -ница	*Reisender Reisende*
		дорóга	*Weg*
		купúть (v.) **билéт в интернéте**	*eine Fahrkarte im Internet kaufen*

z.B. встрéтить с пóезда, встрéтить на вокзáле – vom Zug abholen, am Bahnhof treffen; проводúть до пóезда/вокзáла – zum Zug/ Bahnhof bringen

ÜBEN

1 Verbinden Sie die passenden Wendungen.

1. по́езд отправля́ется	A. um sieben Uhr abends
2. в семь часо́в ве́чера	B. in der Wartehalle warten
3. тяжёлый чемода́н	C. reisen lieben
4. подвезти́ до вокза́ла	D. der Zug fährt ab
5. ждать в за́ле ожида́ния	E. zum Bahnhof mitnehmen/hinbringen
6. на перро́не	F. schwerer Koffer
7. люби́ть путеше́ствовать	G. am Bahnsteig

2 Ergänzen Sie die fehlenden Wörter.

1. Во ско́лько у тебя́ __________?

   Um wie viel Uhr ist (geht) dein Zug?

2. У тебя́ __________ __________?

   Hast du einen schweren Koffer?

3. Тебя́ подвезти́ до __________?

   Soll ich dich zum Bahnhof (mit dem Auto) bringen?

4. С како́го пути́ _____________ твой по́езд?

   Vom welchen Gleis fährt dein Zug ab?

5. Ты зна́ешь, где ________ _______________?

   Weißt du, wo die Wartehalle ist?

WIEDERHOLUNG

3 Lesen Sie jetzt die folgenden Sätze auf Russisch.

Трансси́б (umg.) – Транссиби́рская магистра́ль, Transsibirische Eisenbahn

1. Я обожа́ю путеше́ствовать и о́чень люблю́ поезда́.
2. Я два ра́за е́здила по Трансси́бу во Владивосто́к, и оди́н раз из Москвы́ в Пеки́н.
3. Сейча́с я е́ду в Петербу́рг к дру́гу. Я е́ду на «Сапса́не». Э́то скоростно́й по́езд. Е́хать из Москвы́ в Петербу́рг всего́ (nur) четы́ре часа́.
4. Ночны́е поезда́ я то́же люблю́. В них спишь почти́ как в оте́ле (Hotel).

4 Übersetzen Sie nun die Sätze ins Deutsche.

1. ______________________________
2. ______________________________
3. ______________________________
4. ______________________________

5 Jetzt können Sie auf der ersten Seite der Lektion alle Wörter, die Sie gelernt haben, abhaken.

21

IM HOTEL

Diese 10 grundlegenden russischen Wörter und Wendungen lernen Sie in dieser Lektion:

061

✓ Kann ich	Schreibschrift	
○ оте́ль (m.)	*отель*	*Hotel*
○ центр го́рода	*центр города*	*Stadtzentrum*
○ звезда́	*звезда*	*Stern*
○ достопримеча́тельность (f.)	*достопримеча-тельность*	*Sehenswürdigkeit*
○ ря́дом	*рядом*	*in der Nähe, daneben*
○ ую́тный	*уютный*	*gemütlich*
○ но́мер	*номер*	*Hotelzimmer; Nummer*
○ шве́дский стол	*шведский стол*	*Frühstücksbuffet*
○ дово́лен (m.)	*доволен*	*zufrieden*
○ оста́ться (v.)	*остаться*	*bleiben*

LOS GEHT'S

1 Hören Sie sich die einzelnen Sätze mit den Lernwörtern genau an und lesen Sie mit.

062

Я заброни́ровал оте́ль в це́нтре го́рода.

Я забронировал отель в центре города.

Ich habe ein Hotel im Stadtzentrum gebucht.

Он недорого́й (три звезды́) и недале́ко от метро́.

Он недорогой (три звезды) и недалеко от метро.

Er ist nicht teuer (drei Sterne) und nicht weit von der U-Bahn.

Die Vorsilbe «не-» verneint die Grundbedeutung des Adjektivs („nicht").

Рестора́ны, достопримеча́тельности – всё ря́дом.

Рестораны, достопримечательности – всё рядом.

Restaurants, Sehenswürdigkeiten – alles ist in der Nähe.

В оте́ле удо́бный и ую́тный но́мер, шве́дский стол.

В отеле удобный и уютный номер, шведский стол.

Im Hotel ein bequemes und gemütliches Zimmer, Frühstücksbüfett.

Я дово́лен и оста́нусь на три дня.

Я доволен и останусь на три дня.

Ich bin zufrieden und bleibe für drei Tage.

VERWANDTE WÖRTER

1 Hören Sie sich folgende Wörter und Wendungen an und lesen Sie mit.

063

оте́ль (m.)	*Hotel*	**гости́ница**	*Hotel*
		апартаме́нт	*Apartment*
		(бесконта́ктная) регистра́ция	*(kontaktlose) Registrierung, Check-In*
		да́та въе́зда **въезд**	*Check-In-Datum* *Check-In; Einreise*
		да́та вы́езда **вы́езд**	*Check-Out-Datum* *Check-Out; Ausreise*
		се́рвис	*Service*
		ключ	*Schlüssel*
		чи́стый	*sauber*
		(ве́жливый) персона́л	*(höfliches) Personal*
центр го́рода	*Stadtzentrum*	**центр** **го́род**	*Zentrum* *Stadt*
		окра́ина	*Stadtrand*
звезда́ (Pl. звёзды)	*Stern*	**трёх-, четырёх-, пятизвёздочный оте́ль**	*Drei-, Vier-, Fünf-Sterne-Hotel*

достопримеча́-тельность (f.)	*Sehenswürdigkeit*	**собо́р**	*Kathedrale*
		музе́й	*Museum*
		дворе́ц	*Schloss, Palast*
ря́дом (с + Inst.)	*in der Nähe (von), neben*	**бли́зко**	*nahe*
ую́тный	*gemütlich*	**неую́тный**	*ungemütlich*
		шу́мный	*laut*
		гря́зный	*schmutzig*
но́мер	*Hotelzimmer; Nummer*	**(мя́гкая)** **посте́ль** (f.) **крова́ть** (f.)	*(weiches)* *Bett* *Bett*
		ключ-ка́рта	*Schlüsselkarte*
шве́дский стол	*Frühstücksbuffet*	**шве́дский** **стол**	*schwedisch* *Tisch*
		заказа́ть (v.) **в но́мер**	*aufs Zimmer bestellen*
		лифт	*Aufzug*
дово́лен	*zufrieden (m.)*	**дово́льна** **(-но, -ны)**	*zufrieden (f.)* *(n., Pl.)*
оста́ться (v.)	*bleiben*	**остава́ться** (uv.)	*bleiben*
		ночева́ть//переночева́ть	*übernachten*

ÜBEN

1 Verbinden Sie die passenden Wendungen.

1. четырёхзвёздочный оте́ль
2. в це́нтре го́рода
3. достопримеча́тельности
4. ря́дом
5. прекра́сный но́мер
6. шве́дский стол
7. Мы дово́льны.
8. Оста́немся на два дня.

A. Sehenswürdigkeiten
B. wunderbares Hotelzimmer
C. Wir sind zufrieden.
D. Frühstücksbuffet
E. im Zentrum der Stadt
F. Wir bleiben für zwei Tage.
G. ein Vier-Sterne-Hotel
H. in der Nähe

2 Ergänzen Sie die fehlenden Wörter.

1. До́брый день, я заброни́ровал у вас __________.

   Guten Tag, ich habe bei Ihnen ein Zimmer reserviert.

2. Во ско́лько за́втрак? У вас __________ __________? Я хоте́л бы заказа́ть за́втрак в но́мер.

   Um wie viel Uhr gibt es Frühstück? Haben Sie ein Frühstücksbuffet? Ich würde gerne das Frühstück aufs Zimmer bestellen.

3. Скажи́те, где гла́вные __________________?

   Sagen Sie, wo sind die wichtigsten Sehenswürdigkeiten?

4. У вас прекра́сный __________. Я хочу́ ____________ ещё на два дня. Ско́лько э́то бу́дет сто́ить?

   Sie haben ein wunderbares Hotel. Ich will noch für zwei Tage bleiben. Was wird das kosten?

WIEDERHOLUNG

3 Lesen Sie jetzt die folgenden Sätze auf Russisch.

1. До́брый день, добро́ пожа́ловать в наш оте́ль. Ваш па́спорт, пожа́луйста.
2. Вот ваш ключ. За́втрак в семь и до (bis + Gen.) оди́ннадцати утра́. У нас шве́дский стол. Вы хоти́те заказа́ть за́втрак в но́мер?
3. Метро́ и гла́вные достопримеча́тельности – ря́дом. Вот ка́рта (Karte, Plan) го́рода.
4. Вы дово́льны на́шим се́рвисом?

4 Übersetzen Sie nun die Sätze ins Deutsche.

1. ______________________________
2. ______________________________
3. ______________________________
4. ______________________________

5 Jetzt können Sie auf der ersten Seite der Lektion alle Wörter, die Sie gelernt haben, abhaken.

22

DAS WETTER

Diese 10 grundlegenden russischen Wörter und Wendungen lernen Sie in dieser Lektion:

Kann ich	Schreibschrift	
погóда	*погода*	*Wetter*
дождь (m.)	*дождь*	*Regen*
плащ	*плащ*	*Mantel, Regenmantel*
зонт	*зонт*	*Regenschirm*
паркóвка	*парковка*	*Parkmöglichkeit (z.B. Parkhaus/ -platz)*
прохлáдно	*прохладно*	*kühl*
прогнóз погóды	*прогноз погоды*	*Wettervorhersage*
к счáстью	*к счастью*	*zum Glück*
теплó	*тепло*	*warm*
сóлнечно	*солнечно*	*sonnig*

LOS GEHT'S

1 Hören Sie sich die einzelnen Sätze mit den Lernwörtern genau an und lesen Sie mit.

В путеше́ствии, коне́чно, всегда́ важна́ пого́да.

В путешествии, конечно, всегда важна погода.

Auf einer Reise ist das Wetter natürlich immer wichtig.

> Kurzformen von ва́жный: ва́жен, важна́, ва́жно, важны́

Сего́дня идёт дождь. Хорошо́, что у меня́ с собо́й

Сегодня идёт дождь. Хорошо, что у меня с собой

Heute regnet es (wörtl.: der Regen geht). Gut, dass ich

плащ и зонт, и парко́вка недалеко́ от оте́ля.

плащ и зонт, и парковка недалеко от отеля.

Regenmantel und Regenschirm dabeihabe, und dass der Parkplatz nicht weit von Hotel ist.

Прохла́дно. Я посмотре́л прогно́з пого́ды:

Прохладно. Я посмотрел прогноз погоды:

Es ist kühl. Ich habe die Wettervorhersage gecheckt:

к сча́стью, за́втра бу́дет тепло́ и со́лнечно!

к счастью, завтра будет тепло и солнечно!

zum Glück wird es morgen warm und sonnig!

VERWANDTE WÖRTER

1 Hören Sie sich folgende Wörter und Wendungen an und lesen Sie mit.

погóда	*Wetter*	**грáдус**	*Grad*
		мúнус **плюс**	*minus* *plus*
дождь (m.)	*Regen*	**дождлúвая погóда**	*Regenwetter*
		снег	*Schnee*
		снегопáд	*Schneefall*
		лёд	*Eis*
		гололёд	*Glatteis*
		тумáн	*Nebel*
		вéтер	*Wind*
плащ	*(Regen)mantel*	**непромокáемый**	*wasserdicht*
зонт	*Regenschirm*	**~ от сóлнца**	*Sonnenschirm*
паркóвка	*Parkmöglichkeit*	**(бес)плáтная ~**	*kostenfreie/-pflichtige Parkmöglichkeit*
		плáта за паркóвку	*Parkgebühr*
		парковáть (машúну)	*(Auto) parken*
		парковáться// **припарковáться**	*parken* *einparken*

мúнус/плюс
одúн грáдус
два грáдуса
пять грáдусов

снег с дождём – Schnee mit Regen

прохла́дно	*kühl*	**хо́лод** **хо́лодно, -ый**	*Kälte* *kalt (Adv., Adj.)*
		моро́з	*Frost*
		лыжи (Pl.)	*Ski, Skier*
прогно́з пого́ды	*Wettervorher-sage*	**слу́жба пого́ды**	*Wetterdienst*
		што́рмовое преду-преждéние	*Unwetter-warnung*
к сча́стью	*zum Glück*	**сча́стье**	*Glück*
		счастли́вый **несча́стный**	*glücklich* *unglücklich*
тепло́	*warm (Adv.); Wärme*	**тёплый**	*warm (Adj.)*
		жара́ **жа́рко, -ий**	*Hitze* *heiß (Adv., Adj.)*
со́лнечно	*sonnig (Adv.)*	**со́лнце** **со́лнечный**	*Sonne* *sonnig (Adj.)*
		солнцезащи́тный крем, -ые очки́	*gegen die S. S.-creme, S.-Brille*
		о́блачно; -ый **о́блако**	*bewölkt; wolkig* *Wolke*

Zu Silvester kommt zu den russischen Kindern Дед Моро́з (Väterchen Frost) mit seiner Enkelin Снегу́рочка und bringt Geschenke.

ÜBEN

«Моро́з и со́лнце; день чуде́сный!»
А. С. Пу́шкин

1 Verbinden Sie die passenden Wendungen.

1. Зима́, со́лнечный день.
2. Хо́лод и моро́з.
3. Идёт снег.
4. Прохла́дно. Тума́н.
5. Идёт дождь.
6. Возьми́ с собо́й зонт!
7. Тепло́... Нет, жа́рко!
8. Прекра́сная пого́да!

A. Es schneit.
B. Es ist frisch. Nebel.
C. Ein wunderbares Wetter!
D. Winter, ein sonniger Tag.
E. Nimm einen Regenschirm mit!
F. Kälte und Frost.
G. Es regnet.
H. Es ist warm ... Nein, es ist heiß!

2 Ergänzen Sie die fehlenden Wörter.

1. – Са́ша, посмотри́, кака́я за́втра бу́дет __________?

   – *Sascha, schau mal, wie das Wetter morgen wird!*

2. – Прекра́сная! __________ и __________, ми́нус пятна́дцать. Пое́хали на лы́жи?

   – *Ein super Wetter! Kalt und sonnig, minus fünfzehn (Grad). Wollen wir zum Skifahren?*

3. – Пое́хали! А мне ма́ма звони́ла. У них «__________», плюс двена́дцать, и __________.

   – *Ja, lass uns fahren. (Übrigens), (meine) Mutter hat mich angerufen. Bei ihnen ist es „kalt“, plus zwölf (Grad), und Regen.*

Unterschiedliche Gebiete Russlands können beachtliche Temperaturunterschiede aufweisen.

4. – Ха-ха, а у нас, ______________, снег...

   – *Haha, und bei uns liegt zum Glück Schnee ...*

WIEDERHOLUNG

3 Lesen Sie jetzt die folgenden Sätze auf Russisch.

1. Говоря́т, у приро́ды (Natur) нет плохо́й пого́ды.
2. А у вас есть люби́мая пого́да?
3. Я о́чень люблю́ дождь. Люблю́ облака́. Снег, коне́чно, то́же люблю́. И люблю́ моро́з.
4. Тума́н – э́то то́же о́чень краси́во.
5. А вот со́лнце и жару́ я не люблю́, и не е́зжу в тёплые стра́ны (Länder).

4 Übersetzen Sie nun die Sätze ins Deutsche.

1. ______________________________
2. ______________________________
3. ______________________________
4. ______________________________
5. ______________________________

5 Jetzt können Sie auf der ersten Seite der Lektion alle Wörter, die Sie gelernt haben, abhaken.

23

IN DER STADT

Diese 10 grundlegenden russischen Wörter und Wendungen lernen Sie in dieser Lektion:

067

Kann ich		Schreibschrift	
○	го́род	*город*	*Stadt*
○	дойти́ (до + Gen., v.)	*дойти (до)*	*(zu Fuß) erreichen/ gehen (bis)*
○	пешко́м	*пешком*	*zu Fuß*
○	сейча́с	*сейчас*	*jetzt*
○	у́лица	*улица*	*Straße*
○	пря́мо	*прямо*	*geradeaus*
○	перекрёсток	*перекрёсток*	*Kreuzung*
○	напра́во	*направо*	*nach rechts*
○	там	*там*	*dort, da drüben*
○	остано́вка	*остановка*	*Haltestelle*

LOS GEHT'S

1 Hören Sie sich die einzelnen Sätze mit den Lernwörtern genau an und lesen Sie mit.

068

– Извини́те, как дойти́ до Эрмита́жа?

– Извините, как дойти до Эрмитажа?

– Entschuldigen Sie, wie komme ich zur Eremitage?

Эрмита́ж (Eremitage) – bekanntes Kunstmuseum in Sankt Petersburg.

– О, пешко́м далеко́. Лу́чше на метро́.

– О, пешком далеко. Лучше на метро.

– Oh, zu Fuß ist es weit. Besser (fahren Sie) mit der U-Bahn.

Сейча́с иди́те по у́лице пря́мо, до перекрёстка.

по + Dat.

Сейчас идите по улице прямо, до перекрёстка.

Gehen Sie jetzt der Straße (entlang) geradeaus, bis zur Kreuzung,

Пото́м поверни́те напра́во. Там бу́дет ста́нция метро́.

Потом поверните направо. Там будет станция метро.

und dann nach rechts. Dort wird eine U-Bahn-Station sein.

Вам е́хать три остано́вки без переса́док!

Вам ехать три остановки без пересадок!

Sie fahren drei Haltestellen ohne Umstiege!

VERWANDTE WÖRTER

069

❶ Hören Sie sich folgende Wörter und Wendungen an und lesen Sie mit.

го́род	*Stadt*	**дере́вня**	*Dorf*
		райо́н	*Stadtviertel*
		центра́льный	*Zentral-, Haupt-*
		прести́жный	*Prestige-*
		промы́шленный	*Industrie-*
		спа́льный	*Schlaf-*
дойти́ (до + Gen., v.)	*(zu Fuß) errei-chen/gehen (bis)*	**до́ехать** (до + Gen., v.)	*(mit Verkehrsmitteln) erreichen/fahren (bis)*
		повора́чивать// поверну́ть	*abbiegen (z.B. mit dem Auto, zu Fuß)*
		навига́тор **навига́ция** **навигацио́нный**	*Navigationsger./-App* *Navigation* *Navigation-*
пешко́м	*zu Fuß*	**прогу́лка**	*Spaziergang*
		экску́рсия	*Führung, Besich-tigung, Ausflug*
		гид	*Reiseführer*
сейча́с	*jetzt*	**тепе́рь**	*jetzt, nun*
		пото́м	*dann*

у́лица	*Straße*	**дом** (Pl. дома́)	*Haus*
		кварти́ра	*Wohnung*
		эта́ж	*Stockwerk*
пря́мо	*geradeaus*	**вдо́ль** (+ Gen. oder по + Dat.)	*entlang*
перекрёсток	*Kreuzung*	**светофо́р**	*Ampel*
		пешехо́дный перехо́д (зе́бра)	*Fußgängerüberweg (Zebrastreifen)*
напра́во	*nach rechts*	**нале́во**	*nach links*
		пра́во **спра́ва**	*rechts,* *auf der rechten Seite*
		ле́во **сле́ва**	*links,* *auf der linken Seite*
там	*dort, da drüben*	**здесь**	*hier*
		тут **туда́**	*hier (umg.)* *dorthin*
остано́вка	*Haltestelle (Bus oder Straßenbahn)*	**остана́вливаться// останови́ться**	*halten*
		ста́нция	*Station (z.B. U-Bahn)*

перейти́ (че́рез + Akk.) (v.) – gehen über, überqueren

ÜBEN

1 Verbinden Sie die passenden Wendungen.

1. Как дойти́ до музе́я...?	A. Gehen Sie jetzt geradeaus.
2. Пешко́м тут недалеко́.	B. Und danach nach rechts.
3. Сейча́с иди́те пря́мо.	C. Die U-Bahn-Station ist dort.
4. Пото́м поверни́те нале́во.	D. Wie komme ich zum Museum ...?
5. А пото́м напра́во.	E. der Straße entlang bis zur Kreuzung
6. по у́лице до перекрёстка	F. Zu Fuß ist es hier nicht weit.
7. Ста́нция метро́ там.	G. Danach biegen Sie nach links ab.

2 Ergänzen Sie die fehlenden Wörter.

1. – Извини́те, как __________ _____ Арба́та?

   – *Entschuldigen Sie, wie komme ich zum Arbat?*

Арба́т – eine bekannte Straße im historischen Zentrum Moskaus.

2. – О, о́чень про́сто! Сейча́с иди́те __________, а пото́м __________, и вы уже́ там!

   – *Oh, sehr einfach! Gehen Sie jetzt nach rechts und dann nach links, und schon sind Sie da!*

3. – Извини́те, где _______________ метро́?

   – *Entschuldigen Sie, wo ist die U-Bahn-Station?*

4. – Ви́дите _______________? От него́ напра́во и пото́м по __________ Пу́шкина ещё две и́ли три мину́ты.

   – *Sehen Sie die Kreuzung? (Gehen) von ihr nach rechts und dann die Puschkin-Straße entlang noch zwei oder drei Minuten.*

WIEDERHOLUNG

3 Lesen Sie jetzt die folgenden Sätze auf Russisch.

1. – Извини́те, далеко́ до Не́вского проспе́кта?
2. – До Не́вского проспе́кта? Недалеко́.
   Авто́бусом – две остано́вки.
3. – А до Исаа́киевского собо́ра?
4. – То́же недалеко́. Пешко́м – пять мину́т.
   Пря́мо, а пото́м нале́во.
5. – Спаси́бо!

Не́вский проспе́кт (Newski-Prospekt) – die bekannteste Straße Sankt Petersburgs.
Исаа́киевский собо́р (Isaakskathedrale) – eine der Kathedralen Sankt Petersburgs.

4 Übersetzen Sie nun die Sätze ins Deutsche.

1. ______________________________
2. ______________________________
3. ______________________________
4. ______________________________
5. ______________________________

5 Jetzt können Sie auf der ersten Seite der Lektion alle Wörter, die Sie gelernt haben, abhaken.

24

IM THEATER

Diese 10 grundlegenden russischen Wörter und Wendungen lernen Sie in dieser Lektion:

Kann ich	Schreibschrift	
театр	*театр*	*Theater*
число́	*число*	*Datum; Zahl*
свобо́дный	*свободный*	*frei*
парте́р	*партер*	*Parkett*
ряд	*ряд*	*Reihe*
середи́на	*середина*	*Mitte*
ло́жа	*ложа*	*Loge*
бли́же	*ближе*	*näher*
сце́на	*сцена*	*Bühne*
орке́стр	*оркестр*	*Orchester*

LOS GEHT'S

1 Hören Sie sich die einzelnen Sätze mit den Lernwörtern genau an und lesen Sie mit.

– Пожа́луйста, два биле́та в Большо́й теа́тр

– Пожалуйста, два билета в Большой театр

– Bitte zwei Karten für das Bolschoi-Theater

Die zwei bekanntesten Theaterhäuser Russlands sind das Большо́й теа́тр in Moskau und das Мари́инский теа́тр in Sankt Petersburg.

на «Щелку́нчика» на три́дцать пе́рвое число́.

на «Щелкунчика» на тридцать первое число.

für den „Nussknacker" am 31. (des Monats).

«Щелку́нчик» – „Der Nussknacker"
«Лебеди́ное о́зеро» – „Schwanensee"
«Евге́ний Оне́гин» – „Eugen Onegin"

– Есть ещё свобо́дные ме́ста в парте́ре,

– Есть ещё свободные места в партере,

– Es gibt noch freie Plätze im Parkett,

второ́й ряд, середи́на, и́ли в ло́же.

второй ряд, середина, или в ложе.

zweite Reihe, mittig, oder in der Loge.

– Побли́же к сце́не и орке́стру, пожа́луйста.

к (zu, an) + Dat.

– Поближе к сцене и оркестру, пожалуйста.

– Bitte (die Plätze, die) näher an die Bühne und Orchester (sind).

VERWANDTE WÖRTER

1 Hören Sie sich folgende Wörter und Wendungen an und lesen Sie mit.

теа́тр	*Theater*	**о́пера**	*Oper*
		бале́т	*Ballett*
		конце́рт	*Konzert*
		спекта́кль (m.)	*Schauspiel*
		компози́тор	*Komponist*
		пиани́ст (-ка)	*Pianist(-in)*
		о́перный пев́ец **-ая певи́ца**	*Opernsänger* *Opernsängerin*
		репертуа́р	*Repertoire*
		антра́кт	*Pause (im Theater)*
		буфе́т	*Buffet*
число́	*Datum; Zahl*	**да́та**	*Datum*
свобо́дный	*frei (Adj.)*	**свобо́да** **свобо́дно**	*Freiheit* *frei (Adv.)*
парте́р	*Parkett*	**балко́н**	*Balkon*
		я́рус	*Rang*
		аку́стика	*Akustik*
ряд	*Reihe*	**сиде́нье**	*Sitz*

биле́т (в/на + Akk.)
на конце́рт
в теа́тр

z.B. «Три сестры́» („Drei Schwestern“)
«Дя́дя Ва́ня» („Onkel Wanja“)
«Вишнёвый сад» („Der Kirschgarten“)

Биле́ты на како́е число́/на како́й день?
(на + Akk.)
на 31-ое декабря́
на сре́ду

Здесь свобо́дно? - Ist hier frei?

Ordnungszahlen werden wie Adjektive dekliniert, z.B.
пе́рвый ряд
в пе́рвом ряду́

середи́на	*Mitte*	**сиде́ть**	*sitzen*
		~ с краю́	*~ am Rande*
		~ в нача́ле	*~ am Anfang (z.B. einer Reihe)*
		~ впереди́	*~ vorne*
		~ в конце́	*~ am Ende, im hinteren Teil*
		~ сза́ди	*~ hinten*
		вперёд **наза́д**	*nach vorne* *nach hinten*
бли́же	*näher*	**бли́зкий**	*nah (Adj.)*
		да́льше **далёкий**	*weiter* *weit (Adj.)*
сце́на	*Bühne*	**актёр** **актри́са**	*Schauspieler* *Schauspielerin*
		за́навес	*Vorhang*
		декора́ции (Pl.)	*Bühnenbild*
орке́стр	*Orchester*	**дирижёр**	*Dirigent*

ÜBEN

1 Verbinden Sie die passenden Wendungen.

1. билéт в теáтр	A. eine Karte für „Schwanensee"
2. билéт на óперу/балéт	B. ein Parkettplatz
3. билéт на «Лебеди́ное óзеро»	C. eine Oper-/Ballettkarte
4. на трéтье ию́ля → G	D. eine Theaterkarte
5. на вторóе числó	E. Bitte, die Karten vorne (näher).
6. мéсто в партéре	F. fünfte Reihe, sechster Platz
7. пя́тый ряд, шестóе мéсто	G. für den 3. Juli
8. Пожáлуйста, поблúже.	H. für den zweiten (des Monats)

2 Ergänzen Sie die fehlenden Wörter.

1. – У вас ещё есть билéты на _________ «Евгéний Онéгин», ____ пя́тое __________?

   – Haben Sie noch Karten für die Oper „Eugen Onegin" für den 5. (des Monats)?

2. – ____ пя́тое, к сожалéнию, нет. Есть ____ шестóе, на семь вéчера. Вам скóлько билéтов?

   – Für den 5., leider nein. Es gibt (Karten) für den 6., sieben Uhr. Wie viele Karten?

3. – Четы́ре. В __________, éсли мóжно.

   – Vier. Im Parkett, wenn´s geht.

   éсли мóжно – wenn es geht; wenn es erlaubt ist

4. – Трéтий __________, __________?

   – Dritte Reihe, mittig?

WIEDERHOLUNG

3 Lesen Sie jetzt die folgenden Sätze auf Russisch.

1. Вы лю́бите теа́тр? Я – о́чень люблю́.
2. Люблю́ и бале́т, и о́перу. Люблю́ ходи́ть на конце́рты и спекта́кли.
3. Мои́ люби́мые компози́торы – Рахма́нинов и Чайко́вский.
4. Мой люби́мый пиани́ст... О, их мно́го!
5. Теа́тр – э́то жизнь!

4 Übersetzen Sie nun die Sätze ins Deutsche.

1. ______________________________
2. ______________________________
3. ______________________________
4. ______________________________
5. ______________________________

5 Jetzt können Sie auf der ersten Seite der Lektion alle Wörter, die Sie gelernt haben, abhaken.

25

AN DER UNIVERSITÄT

Diese 10 grundlegenden russischen Wörter und Wendungen lernen Sie in dieser Lektion:

✓ Kann ich	Schreibschrift	
○ университе́т	университет	Universität
○ учи́ться	учиться	lernen, studieren
○ факульте́т	факультет	Fakultät
○ магистрату́ра	магистратура	Masterstudiengang
○ проходи́ть стажиро́вку	проходить стажировку	Praktikum machen/ absolvieren
○ поступа́ть (в + Akk.)	поступать (в)	(Studium) antreten (an), sich immatrikulieren
○ аспиранту́ра	аспирантура	Promotionsstudium
○ нау́ка	наука	Wissenschaft
○ мечта́	мечта	Traum
○ студе́нческое общежи́тие	студенческое общежитие	Studentenwohnheim

LOS GEHT'S

1 Hören Sie sich die einzelnen Sätze mit den Lernwörtern genau an und lesen Sie mit.

074

фи́зика – Physik

Я учу́сь на факульте́те фи́зики МГУ.

Я учусь на факультете физики МГУ.

Ich studiere an der Fakultät für Physik der Lomonossow-Universität.

МГУ – Моско́вский госуда́рственный университе́т и́мени М. В. Ломоно́сова (Moskauer Staatliche Universität namens M. W. Lomonossow), Lomonossow-Universität Moskau, eine der bekanntesten Universitäten Russlands.

Сейча́с я в магистрату́ре и прохожу́ стажиро́вку.

Сейчас я в магистратуре и прохожу стажировку.

Aktuell mache ich meinen Master und absolviere ein Praktikum.

Я хочу́ поступа́ть в аспиранту́ру.

Я хочу поступать в аспирантуру.

Ich habe vor zu promovieren.

Нау́ка – моя́ мечта́.

Наука – моя мечта.

Wissenschaft ist mein Traum.

Я живу́ в студе́нческом общежи́тии. У меня́ мно́го друзе́й.

Я живу в студенческом общежитии. У меня много друзей.

Ich wohne im Studentenwohnheim. Ich habe viele Freunde.

VERWANDTE WÖRTER

1 Hören Sie sich folgende Wörter und Wendungen an und lesen Sie mit. 075

университе́т	*Universität*	**вуз (вы́сшее уче́бное заведе́ние)**	*höhere Lehranstalt (Hochschule, Universität etc.)*
		учёба	*Studium*
		образова́ние	*Bildung*
учи́ться	*lernen, studieren (z.B. an einer Institution)*	**по обме́ну**	*mit einem Austauschprogramm*
		учи́ть	*lernen (z.B. eine Sprache)*
		изуча́ть	*studieren, lernen*
		преподава́ть **преподава́тель**	*unterrichten* *Lehrende(r)*
		профе́ссор	*Professor(in)*
		доце́нт	*Dozent (in Russland auch ein Titel)*
		заня́тие (Pl. -ия)	*Unterricht*
		ле́кция **семина́р**	*Vorlesung* *Seminar*
		аудито́рия	*Hörsaal*
факульте́т	*Fakultät*	**ка́федра**	*Lehrstuhl*
		предме́т	*Fach*

ву́зы – mit diesem Begriff werden im Russischen Institutionen bezeichnet, die Hochschulbildung ermöglichen (Hochschulen, Universitäten etc.)

– учи́ться в университе́те
– учи́ть ру́сский язы́к
– изуча́ть астрофи́зику

шко́ла – Schule
учи́тель(ница) – Lehrer(in)
ЕГЭ (Еди́ный госуда́рственный экза́мен, Einheitliche staatliche Prüfung) – mit dem deutschen Zentralabitur vergleichbar

магистрату́ра	*Masterstudiengang*	**маги́стр**	*Master*
		бакалавриа́т **бакала́вр**	*Bachelorstudiengang* *Bachelor*
		дипло́м	*Diplom*
проходи́ть стажиро́вку	*Praktikum machen/ absolvieren*	**стажиро́вка** **стажиро́ваться**	*Praktikum* *Praktikum machen*
		стажёр	*Praktikant(in)*
		пра́ктика	*Praktikum; Praxis*
		практика́нт	*Praktikant(in)*
поступа́ть (uv.)	*(Studium) antreten*	**поступи́ть**	*(Studium) antreten*
		экза́мен	*Prüfung*
аспиранту́ра	*Promotionsstudium*	**аспира́нт(ка)**	*Doktorand(in)*
		диссерта́ция	*Dissertation*
нау́ка	*Wissenschaft*	**нау́чный сотру́дник**	*Wissenschaftliche(r) Mitarbeiter(in)*
		учёный	*Wissenschaftler(in)*
		конфере́нция	*Konferenz*
		докла́д	*Vortrag, Referat*
мечта́	*Traum*	**мечта́ть**	*träumen*
студе́нческое общежи́тие	*Studentenwohn-heim*	**-ая столо́вая**	*Mensa*
		стипе́ндия	*Stipendium*

стажиро́вка - meist freiwilliges Praktikum
пра́ктика - meist von der Universität zugewiesenes Praktikum (verpflichtender Teil des Studiums)

поступи́ть в университе́т, в аспиранту́ру

о + Präp. - von, über

Das Graduiertensystem ist in Russland zweigeteilt:
канди́да́т нау́к entspricht in etwa dem Doktortitel in Deutschland;
до́ктор нау́к ist ein darauf aufbauender wissenschaftlicher Grad, entsprechend der Habilitation.

ÜBEN

1 Verbinden Sie die passenden Wendungen.

1. учи́ться в университе́те	A. ein Praktikum machen
2. учи́ться на факульте́те	B. an der Fakultät studieren
3. изуча́ть фи́зику в магистрату́ре	C. wissenschaftlich tätig sein
4. проходи́ть стажиро́вку	D. im Studentenwohnheim wohnen
5. поступа́ть в аспиранту́ру	E. an meiner Traumuniversität
6. занима́ться нау́кой	F. Physik auf Master studieren
7. в университе́те моéй мечты́	G. an der Universität studieren
8. жить в студе́нческом общежи́тии	H. sich zur Promotion einschreiben

2 Ergänzen Sie die fehlenden Wörter.

1. В како́й ______________ ты хо́чешь поступа́ть?

   An welcher Universität möchtest du dich bewerben?

2. Где ты хо́чешь ______________? Како́й предме́т ты хо́чешь изуча́ть?

   Wo willst du studieren? Was für ein Fach möchtest du studieren?

3. Где ты хо́чешь проходи́ть ______________?

   Wo willst du dein (freiwilliges) Praktikum machen?

4. Ты бу́дешь поступа́ть в ______________?

   Hast du vor zu promovieren?

WIEDERHOLUNG

3 Lesen Sie jetzt die folgenden Sätze auf Russisch.

1. Я учу́сь в университе́те мое́й мечты́: в «Полите́хе» Санкт-Петербу́рга.
2. Я учу́сь на (+ Akk.) информа́тика. Сейча́с я в магистрату́ре и прохожу́ стажиро́вку.
3. Не ду́маю, что я бу́ду поступа́ть в аспиранту́ру. Мне интере́сна пра́ктика, а не тео́рия. Я не учёный.
4. Но я хоте́л бы пое́хать по обме́ну и́ли на стажиро́вку в США (USA) или в Герма́нию.

«Полите́х» – „Polytech" – umg. Bezeichnung für Санкт-Петербу́ргский политехни́ческий университе́т Петра́ Вели́кого, die Polytechnische Peter-der-Große-Universität Sankt Petersburg, eine der führenden technischen Universitäten Russlands.

пра́ктика – Praxis
тео́рия – Theorie

4 Übersetzen Sie nun die Sätze ins Deutsche.

1. ______________________________
2. ______________________________
3. ______________________________
4. ______________________________

5 Jetzt können Sie auf der ersten Seite der Lektion alle Wörter, die Sie gelernt haben, abhaken.

26

ARBEIT

Diese 10 grundlegenden russischen Wörter und Wendungen lernen Sie in dieser Lektion:

Kann ich	Schreibschrift	
○ недáвно	*недавно*	*unlängst*
○ закóнчить университéт	*закончить университет*	*einen Abschluss machen, das Studium abschließen*
○ устрóиться (v.) на рабóту	*устроиться на работу*	*eine Arbeit finden, eine Stelle antreten*
○ нрáвиться	*нравиться*	*gefallen*
○ твóрческий	*творческий*	*kreativ*
○ задáча	*задача*	*Aufgabe*
○ компáния	*компания*	*Unternehmen*
○ комáнда	*команда*	*Team, Mannschaft*
○ рабóтать удалённо	*работать удалённо*	*in Homeoffice arbeiten*
○ страхóвка	*страховка*	*Versicherung (umg.)*

LOS GEHT'S

1 Hören Sie sich die einzelnen Sätze mit den Lernwörtern genau an und lesen Sie mit.

077

Я программи́ст. Я неда́вно зако́нчил университе́т, и устро́ился на рабо́ту в э́том году́.

Я программист. Я недавно закончил университет, и устроился на работу в этом году.

Ich bin Programmierer. Vor kurzem habe ich meinen Abschluss gemacht und habe in diesem Jahr eine Stelle gefunden.

Мне о́чень нра́вится моя́ рабо́та – тво́рческая, со сло́жными зада́чами.

Мне очень нравится моя работа – творческая, со сложными задачами.

Mir gefällt meine Arbeit – sie ist kreativ, mit komplexen Aufgaben.

Мне нра́вится моя́ компа́ния и на́ша кома́нда.

Мне нравится моя компания и наша команда.

Mir gefällt meine Firma (Unternehmen) und unser Team.

удо́бно – Adv. zu удо́бный

Я рабо́таю удалённо, из до́ма. Раз в неде́лю я е́зжу в о́фис. Э́то о́чень удо́бно.

Я работаю удалённо, из дома. Раз в неделю я езжу в офис. Это очень удобно.

Ich arbeite im Homeoffice, (von zu Hause aus), und ins Büro fahre ich einmal in der Woche. Das ist sehr praktisch.

Зарпла́той я дово́лен, и страхо́вкой то́же.

Зарплатой я доволен, и страховкой тоже.

Mit meinem Gehalt bin ich zufrieden und mit der Versicherung auch.

VERWANDTE WÖRTER

1 Hören Sie sich folgende Wörter und Wendungen an und lesen Sie mit.

078

недáвно	*unlängst, vor kurzem*	**давнó**	*lange her, vor langer Zeit*
закóнчить (v.) **университéт**	*einen Abschluss machen, das Studium abschließen*	**закáнчивать университéт** (uv.)	*einen Abschluss machen, das Studium abschließen*
		молодóй специалúст	*angehender (junger) Fachmann, Berufseinsteiger*
		вакáнсия	*Stellenausschreibung*
		резюмé (unv.)	*Lebenslauf; Bewerbungsschreiben*
		собесéдование	*Vorstellungsgespräch*
устрóиться (v.) **на рабóту**	*eine Anstellung bekommen, eine Stelle antreten*	**устрáиваться на рабóту** (uv.)	*eine Anstellung bekommen, eine Stelle antreten*
		начинáть// начáть рабóтать	*anfangen zu arbeiten*
		дохóд	*Einkommen, Ertrag*
		прéмия	*Prämie*
		гúбкий грáфик рабóты	*Gleitzeit, flexible Arbeitszeit*
		гúбкий	*flexibel; gelenkig*

в прóшлом годý/мéсяце, на прóшлой недéле – vergangenes Jahr/-en Monat/-e Woche

в бýдущем/ слéдующем годý/мéсяце, на слéдующей недéле – kommendes Jahr/-en Monat/-e Woche

(не) нра́виться	*(nicht) gefallen*	**симпа́тия** **симпати́чный** **симпати́чен**	*Sympathie* *sympathisch* *sympathisch (Kurzf.)*
тво́рческий	*kreativ; schöpferisch*	**тво́рчество** **твори́ть** **творе́ние**	*Kreativität; Schaffen* *schaffen, erschaffen* *Schöpfung, Kreation*
зада́ча	*Aufgabe*	**прое́кт**	*Projekt*
компа́ния	*Unternehmen*	**фи́рма** **соли́дный** **инновацио́нный** **иннова́ция** **совреме́нный**	*Firma* *solide* *innovativ* *Innovation* *modern*
кома́нда	*Team*	**коллекти́в** **дружны́й** **о́пыт** **о́пытный**	*Team, Gemeinschaft* *freundschaftlich, kollegial* *Erfahrung; Versuch* *erfahren*
рабо́тать удалённо	*in Homeoffice arbeiten*	**удалённая рабо́та**	*Homeoffice, Heimarbeit*
страхо́вка	*Versicherung (umg.)*	**страхова́ние** **страхово́й**	*Versicherung* *Versicherungs-*

я нра́влюсь
ты нра́вишься
они нра́вятся

Мне нра́вится (+ Nom.) моя́ рабо́та. Лари́са нра́вится (+ Dat.) Анто́ну.

ÜBEN

1 Verbinden Sie die passenden Wendungen.

1. закóнчить университéт
2. устрóиться на рабóту
3. твóрческая рабóта
4. с интерéсными задáчами
5. солúдная компáния
6. молодáя комáнда
7. рабóтать удалённо
8. хорóшая страхóвка

A. eine Anstellung bekommen
B. ein solides Unternehmen
C. ein junges Team
D. die Universität abschließen
E. in Homeoffice arbeiten
F. mit interessanten Aufgaben
G. eine gute Versicherung
H. kreative Arbeit

2 Ergänzen Sie die fehlenden Wörter.

1. Когдá вы ______________ университéт? У вас есть ______ рабóты?

   Wann haben Sie Ihren Abschluss gemacht? Haben Sie Berufserfahrung?

2. Почемý вы хотúте рабóтать в нáшей ______________?

   Warum wollen Sie in unserem Unternehmen arbeiten?

3. Вы ______________ человéк? Вы лю́бите рабóтать в ______________?

   Sind Sie ein kreativer Mensch? Arbeiten Sie gern im Team?

4. Вам нрáвится рабóтать __________?

   Arbeiten Sie gerne im Homeoffice?

WIEDERHOLUNG

3 Lesen Sie jetzt die folgenden Sätze auf Russisch.

1. Вы лю́бите сло́жные зада́чи, рабо́ту в кома́нде и хоти́те пройти́ у нас стажиро́вку? Вы неда́вно зако́нчили университе́т – или молодо́й специали́ст с о́пытом рабо́ты до трёх лет? Мы ждём Ва́ше резюме́!
2. Совреме́нный о́фис в це́нтре го́рода, ги́бкий гра́фик рабо́ты, высо́кие зарпла́ты, прекра́сная страхова́я програ́мма. Вы рабо́таете удалённо над (an, + Instr.) интере́сными прое́ктами в молодо́й кома́нде. Смотри́те на́ши вака́нсии!

програ́мма – Programm

4 Übersetzen Sie nun die Sätze ins Deutsche.

1. ____________________

2. ____________________

5 Jetzt können Sie auf der ersten Seite der Lektion alle Wörter, die Sie gelernt haben, abhaken.

27

DIE WOHNUNG

Diese 10 grundlegenden russischen Wörter und Wendungen lernen Sie in dieser Lektion:

✓ **Kann ich**	Schreibschrift	
○ поженúться (v.)	*пожениться*	*heiraten*
○ снимáть квартúру	*снимать квартиру*	*eine Wohnung mieten*
○ родúться (v.)	*родиться*	*geboren werden*
○ близнецы́ (Pl.)	*близнецы*	*Zwillinge*
○ взять (v.) ипотéку	*взять ипотеку*	*eine Hypothek (Kredit auf Wohneigentum) aufnehmen (umg.)*
○ своё жильё	*своё жильё*	*(hier) Wohneigentum*
○ четырёхкомнатный	*четырёхкомнатный*	*Vierzimmer-*
○ прихóжая	*прихожая*	*Flur, Diele*
○ заня́тый (+ Inst.)	*занятый*	*beschäftigt (mit)*
○ переéзд	*переезд*	*Umzug*

LOS GEHT'S

 Hören Sie sich die einzelnen Sätze mit den Lernwörtern genau an und lesen Sie mit.

С моим му́жем Алексе́ем мы познако́мились в университе́те. Мы пожени́лись, когда́ на́чали рабо́тать.

С моим мужем Алексеем мы познакомились в университете. Мы поженились, когда начали работать.

Mein Mann Aleksei und ich haben uns an der Uni kennengelernt. Geheiratet haben wir, als wir angefangen haben zu arbeiten.

На́шу пе́рвую кварти́ру мы снима́ли. Когда́ в э́том году́ роди́лись на́ши близнецы́, мы взя́ли ипоте́ку и купи́ли своё жильё.

Нашу первую квартиру мы снимали. Когда в этом году родились наши близнецы, мы взяли ипотеку и купили своё жильё.

Unsere erste Wohnung haben wir gemietet. Aber als in diesem Jahr unsere Zwillinge geboren wurden, haben wir eine Hypothek aufgenommen und eine Eigentumswohnung (Wohneigentum) gekauft.

На́ша кварти́ра в но́вом районе. Она́ четырёхкомнатная со све́тлой прихо́жей. Сейча́с мы за́няты перее́здом. Э́то стресс и не́рвы, но и мно́го ра́дости!

Наша квартира в новом районе. Она четырёхкомнатная со светлой прихожей. Сейчас мы заняты переездом. Это стресс и нервы, но и много радости!

Unsere Wohnung ist in einem neuen Stadtteil. Sie hat vier Zimmer mit einem hellen Flur. Momentan sind wir mit dem Umzug beschäftigt. Das bedeutet Stress, aber auch viel Freude.

VERWANDTE WÖRTER

1 Hören Sie sich folgende Wörter und Wendungen an und lesen Sie mit.

· 081

пожени́ться (v.)	*heiraten*	**жени́ться** (на + Präp.)	*heiraten (als Mann)*
		выходи́ть// вы́йти за́муж (за + Akk.)	*heiraten (als Frau)*
		жена́т	*verheiratet (als Mann)*
		за́мужем	*verheiratet (als Frau)*
		разводи́ться// развести́сь	*sich scheiden lassen*
снима́ть кварти́ру	*eine Wohnung mieten*	**снять** (v.) **кварти́ру**	*eine Wohnung mieten*
		иска́ть ~ находи́ть// найти́ ~	*suchen ~ finden ~*
		подписа́ть (v.) **догово́р** (на + Akk.)	*Vertrag unterschreiben (auf)*
роди́ться (v.)	*geboren werden*	**рожда́ться** (uv.)	*geboren werden*
близнецы́ (Pl.)	*Zwillinge*	**похо́жий** **походи́ть** (на + Akk.)	*ähnlich* *jmnd. ähnlich sein*

А́нна вы́шла за́муж за Серге́я. Серге́й жени́лся на А́нне. А́нна и Серге́й пожени́лись.

взять (v.) **ипотéку**	*eine Hypothek aufnehmen (umg.)*	**погаси́ть** (v.) **~**	*~ zurückgezahlt haben*
		выпла́чивать ~	*~ zahlen*
		(ипотéчный) креди́т	*(Hypotheken-) Kredit*
своё жильё	*Wohn-eigentum*	**недви́жимость** (f.)	*Immobilie*
четырёхком-натный	*Vierzimmer-*	**кóмната**	*Zimmer*
		гости́ная	*Wohnzimmer*
		спáльня	*Schlafzimmer*
		дéтская	*Kinderzimmer*
		вáнная	*Badezimmer*
		туалéт	*WC*
		коридóр	*Korridor*
		балкóн	*Balkon*
прихóжая	*Flur, Diele*	**подъéзд**	*Hauseingang, Treppenhaus*
		многоэтáжный дом	*Hochhaus*
зáнятый (+ Inst.) **зáнят** (Kurzform)	*beschäftigt (mit)*	**свобóдный**	*frei*
переéзд	*Umzug*	**переезжáть// переéхать**	*umziehen*

Eine Hypothek aufzunehmen ist in Russland weit verbreitet und wird oft bereits mit Beginn der ersten Festanstellung angegangen.

квартúра: однокóмнатная, двухкóмнатная, трёхкомнатная

Die Bewohner der russischen Großstädte - aller gesellschaftlichen Schichten - leben meist in Hochhäusern.

зáнятый человéк
Я зáнят.
Я зáнят рабóтой.

ÜBEN

1 Verbinden Sie die passenden Wendungen.

1. снима́ть кварти́ру
2. пожени́ться
3. ду́мать о своём жильё
4. взять кварти́ру в ипоте́ку
5. перее́хать в но́вую кварти́ру
6. роди́лись де́ти
7. четырёхкомнатная кварти́ра
8. на семна́дцатом этаже́

A. über Wohneigentum nachdenken
B. Vierzimmerwohnung
C. eine Hypothek auf eine Wohnung aufnehmen
D. eine Wohnung mieten
E. die Kinder wurden geboren
F. im siebzehnten Stockwerk
G. heiraten
H. umziehen in eine neue Wohnung

2 Ergänzen Sie die fehlenden Wörter.

1. Когда́ вы _______________? А когда́ _______________ ва́ши де́ти?

   Wann wurden Sie geboren? Wann wurden Ihre Kinder geboren?

2. Мари́на и Серге́й, когда́ вы _______________?

   Marina und Sergej, wann habt Ihr geheiratet?

3. Вы _______________ кварти́ру и́ли э́то ва́ша кварти́ра?

   Mieten Sie – oder ist es Ihre eigene Wohnung?

4. Ско́лько __________ в ва́шей кварти́ре? А на како́м она́ _______________?

   Wie viele Zimmer hat Ihre Wohnung? In welchem Stockwerk ist sie?

WIEDERHOLUNG

3 Lesen Sie jetzt die folgenden Sätze auf Russisch.

ме́сяц - Monat

1. Неда́вно мы взя́ли в ипоте́ку кварти́ру, а уже́ в э́том ме́сяце перее́хали в неё.
2. На́ша но́вая кварти́ра нам о́чень нра́вится. У нас четы́ре ко́мнаты: гости́ная, спа́льня, две де́тские ко́мнаты, а ещё ку́хня и балко́н (коне́чно, ва́нная и – ура́! – два туале́та).
3. Мы живём на двена́дцатом этаже́. У нас о́чень светло́ и прекра́сный вид (Aussicht) на го́род и парк.

4 Übersetzen Sie nun die Sätze ins Deutsche.

1. ______________________________

2. ______________________________

____

3. ______________________________

____

5 Jetzt können Sie auf der ersten Seite der Lektion alle Wörter, die Sie gelernt haben, abhaken.

28

INTERNET

Diese 10 grundlegenden russischen Wörter und Wendungen lernen Sie in dieser Lektion:

Kann ich		Schreibschrift	
○	интерне́т	*интернет*	*Internet*
○	связь (f.)	*связь*	*Verbindung*
○	онла́йн	*онлайн*	*online*
○	проводи́ть презента́цию	*проводить презентацию*	*eine Präsentation machen/durchführen*
○	электро́нная кни́га	*электронная книга*	*E-Book*
○	сериа́л	*сериал*	*Serie*
○	поискови́к	*поисковик*	*Internet-Suchmaschine (umg.)*
○	ме́ссенджер	*мессенджер*	*Messenger*
○	иску́сственный интелле́кт (ИИ)	*искусственный интеллект*	*künstliche Intelligenz (KI)*
○	повседне́вная реа́льность	*повседневная реальность*	*alltägliche Realität*

LOS GEHT'S

1 Hören Sie sich die einzelnen Sätze mit den Lernwörtern genau an und lesen Sie mit.

без (ohne) + Gen.

Интернéт – моя́ жизнь. Без интернéта сегóдня нельзя́ . Мы всегда́ на свя́зи, всегда́ онла́йн.

нельзя́ – es geht nicht, man darf nicht

Интернет – моя жизнь. Без интернета сегодня нельзя. Мы всегда на связи, всегда онлайн.

Internet ist mein Leben. Ohne Internet geht heute gar nichts. Wir sind immer erreichbar (in Verbindung), immer online.

Ча́сто мы у́чимся и рабóтаем, сдаём экза́мены и провóдим презента́ции – удалённо.

Часто мы учимся и работаем. Сдаём экзамены и проводим презентации – удалённо.

Wir lernen (studieren) und arbeiten, legen Prüfungen ab und machen Präsentationen – online.

Nom. Sg. = пи́цца, фильм

Мы чита́ем электрóнные кни́ги, зака́зываем пи́ццу, покупа́ем джи́нсы – онла́йн, смóтрим фи́льмы и сериа́лы – в сети́.

Мы читаем электронные книги, заказываем пиццу, покупаем джинсы – онлайн, смотрим фильмы и сериалы – в сети.

Wir lesen E-Books, bestellen Pizza, kaufen Jeans – online, schauen Filme und Serien – ebenso online.

Мéссенджеры, поискови́ки, иску́сственный интеллéкт – на́ша повседнéвная реа́льность.

Мессенджеры, поисковики, искусственный интеллект – наша повседневная реальность.

Messenger, Internet-Suchmaschinen, künstliche Intelligenz – (das ist) unser Alltag (alltägliche Realität).

VERWANDTE WÖRTER

1 Hören Sie sich folgende Wörter und Wendungen an und lesen Sie mit. 084

интернéт	*Internet*	**сеть** (f.)	*Netz*
		беспроводнóй (Wi-Fi)	*kabellos (WLAN)*
		дóступ (к + Dat.)	*Zugang (zu)*
		свобóдный **ограни́ченный**	*frei* *begrenzt*
связь (f.)	*Verbindung*	**быть/оставáться на свя́зи**	*in Verbindung sein/ bleiben*
онлáйн	*online*	**офлáйн**	*offline*
		онлáйн-встрéча	*Online-Meeting/ Treffen*
проводи́ть презентáцию	*eine Präsentation machen/ durchführen*	**провести́** (v.)	*(hier) machen/ durchf.*
		презентáция	*Präsentation*
		видеоконферéнция	*Videokonferenz*
		вебинáр	*Webinar*
электрóнная кни́га	*E-Book*	**кни́га**	*Buch*
		электрóнный	*elektronisch, E-...*
сериáл	*Serie*	**сезóн**	*Staffel*
		эпизóд	*Folge*
		стри́минговый сéрвис	*Streaming-Dienst*
		онлáйн-кинотеáтр	*Internet-Kino*

в сети́ - im Netz

проводи́ть:
я провожý
ты провóдишь
провести́:
я проведý
ты проведёшь

поисковик	*Internet-Suchmaschine (umg.)*	**поисковая система**	*Internet-Suchmaschine*
		Wichtigster Anbieter in Russland ist Яндекс (Yandex), der die gesamte Palette von Pizza-/Taxi-Bestellung über Wetter- und Stauberichten, bis zu Karten- und Übersetzungsdiensten abdeckt.	
		поиск **~информации**	*Suche* *Informationssuche*
мессенджер	*Messenger*	**сообщение**	*Mitteilung*
		писать// **написать**	*schreiben*
		отправлять// **отправить**	*abschicken*
		проверять// **проверить**	*checken, prüfen, lesen (z.B. Mitteilungen)*
искусственный интеллект	*künstliche Intelligenz (KI)*	**чат-бот**	*Chat-Bot*
повседневная реальность	*alltägliche Realität*	**виртуальная реальность**	*virtuelle Realität*
		приложение	*App, Anlage*
		файл	*Datei*
		загружать// **загрузить**	*hochladen*
		скачивать// **скачать**	*herunterladen*
		имейл	*E-Mail*

ÜBEN

1 Verbinden Sie die passenden Wendungen.

1. скоростно́й/моби́льный интерне́т
2. поискови́к – иска́ть информа́цию
3. чита́ть сообще́ния
4. онла́йн-кинотеа́тр – смотре́ть люби́мый сериа́л
5. писа́ть име́йл
6. гото́вить онла́йн-презента́цию
7. покупа́ть электро́нный биле́т
8. скача́ть приложе́ние

A. Mitteilungen lesen
B. eine E-Mail schreiben
C. ein E-Ticket kaufen
D. Hochgeschwindigkeits-/ mobiles Internet
E. eine Online-Präsentation vorbereiten
F. eine App herunterladen
G. Suchmaschine – Informationen suchen
H. Streaming-Dienst – Lieblingsserie schauen

2 Ergänzen Sie die fehlenden Wörter.

1. Ты уезжа́ешь? Бу́дем на ______________!

Du fährst weg? Lass und in Verbindung bleiben!

2. За́втра у нас в о́фисе не бу́дет ______________ (Gen).

Morgen werden wir kein Internet im Büro haben.

3. Сего́дня у меня́ ва́жная ______________.

Heute habe ich eine wichtige Präsentation.

4. В путеше́ствия я тепе́рь беру́ с собо́й то́лько ______________

__________. Загрузи́л – и _______.

Auf Reisen nehme ich nun nur die E-Books mit. Herunterladen – und lesen.

WIEDERHOLUNG

3 Lesen Sie jetzt die folgenden Sätze auf Russisch.

1. World Wide Web… Навéрное, я в сетѝ почтѝ всегдá – ну, когдá (wenn) не сплю.
2. Я ем – и слýшаю мýзыку. Éду в метрó – и проверя́ю сообщéния. Вéчером смотрю́ сериáлы. Дáже книги я читáю тóлько электрóнные.
3. На рабóте – онлáйн-встрéчи, видеоконферéнции, вебинáры.
4. Но с друзья́ми я встречáюсь в «реáле», офлáйн, и э́то врéмя тóлько нáше – без мобѝльника и сéти.

4 Übersetzen Sie nun die Sätze ins Deutsche.

1. ____________________
2. ____________________
3. ____________________
4. ____________________

5 Jetzt können Sie auf der ersten Seite der Lektion alle Wörter, die Sie gelernt haben, abhaken.

29

SOZIALE NETZWERKE

Diese 10 grundlegenden russischen Wörter und Wendungen lernen Sie in dieser Lektion:

✓ **Kann ich**	Schreibschrift	
◯ социа́льные се́ти	*социальные сети*	*soziale Netzwerke*
◯ зави́симость (от + Gen.)	*зависимость от*	*Abhängigkeit von*
◯ ва́жная часть жи́зни	*важная часть жизни*	*wichtiger Teil des Lebens*
◯ проводи́ть вре́мя	*проводить время*	*Zeit verbringen*
◯ чита́ть ле́нту друзе́й	*читать ленту друзей*	*Feed von Freunden lesen*
◯ узнава́ть но́вости	*узнавать новости*	*Nachrichten/Neuigkeiten erfahren*
◯ обща́ться (с + Inst.)	*общаться с*	*sich unterhalten mit*
◯ родны́е (Pl.)	*родные*	*nahe Verwandte*
◯ вести́ блог	*вести блог*	*Blog führen*
◯ содержа́тельный пост	*содержательный пост*	*inhaltlich anspruchsvoller Beitrag*

LOS GEHT'S

1 Hören Sie sich die einzelnen Sätze mit den Lernwörtern genau an und lesen Sie mit.

086

Социа́льные се́ти? У меня́ нет зави́симости от них, но они́ – ва́жная часть мое́й жи́зни. Я провожу́ в них нема́ло вре́мени.

Социальные сети? У меня нет зависимости от них, но они – важная часть моей жизни. Я провожу в них немало времени.

немáло: wörtl.: „nicht wenig" мнóго (viel) / мáло (wenig) + Gen.

Die sozialen Netzwerke? Ich bin nicht abhängig von ihnen, aber sie sind ein wichtiger Teil meines Lebens. Ich verbringe mit ihnen viel Zeit.

Я пью у́тром ко́фе – и чита́ю ле́нту друзе́й. Так я узна́ю но́вости.

Я пью утром кофе – и читаю ленту друзей. Так я узнаю новости.

Ich trinke morgens meinen Kaffee und lese die Feeds meiner Freunde. So erfahre ich die Nachrichten (Neuigkeiten).

Я живу́ далеко́ от семьи́. В социа́льных се́тях я обща́юсь с друзья́ми, колле́гами и с родны́ми. Так мы остаёмся на свя́зи.

Я живу далеко от семьи. В социальных сетях я общаюсь с друзьями, коллегами и с родными. Так мы остаёмся на связи.

Ich wohne weit weg von meiner Familie. In den sozialen Netzwerken unterhalte ich mit meinen Freunden, Kollegen und Verwandten. So bleiben wir in Verbindung.

Я веду́ свой блог и люблю́ содержа́тельные по́сты.

Я веду свой блог и люблю содержательные посты.

Ich führe meinen eigenen Blog und liebe inhaltlich anspruchsvolle Beiträge.

VERWANDTE WÖRTER

1 Hören Sie sich folgende Wörter und Wendungen an und lesen Sie mit.

087

социа́льные се́ти (соцсе́ти)	*soziale Netzwerke*	**по́льзователь** (m.)	*Nutzer*
		создава́ть// созда́ть	*erschaffen*
		созда́ть страни́цу ~ про́филь ~ акка́унт	*ein Profil anlegen*
		страни́ца	*Seite; Profil, Account*
		сoо́бщество	*Community*
		фо́рум	*Forum*
		ли́чное сообще́ние	*persönliche Nachricht*
		схо́жие интере́сы	*ähnliche Interessen*
		нейросе́ть (f.)	*künstl. neuronales Netz*
		тролль (m.) **тро́ллить**	*Troll (in soz. Netz.)* *trollen (umg.)*
зави́симость (f.) (от + Gen.)	*Abhängigkeit von*	**зави́сеть** (от + Gen.)	*abhängig sein von*
		цифрово́й дето́кс	*Digital Detox*
ва́жная часть жи́зни	*wichtiger Teil des Lebens*	**часть** (f.)	*Teil*

проводи́ть вре́мя	*Zeit verbringen*	**сиде́ть в Интерне́те**	*im Internet surfen (wörtl.: „sitzen")*
чита́ть ле́нту друзе́й	*Feed von Freunden lesen*	**ле́нта** **друзья́**	*Band; Feed* *Freunde (in soz. Netz.)*
узнава́ть но́вости	*Nachrichten/ Neuigkeiten erfahren*	**узна́ть** (v.) **но́вость** (f.)	*erfahren* *Nachricht, Neuigkeit*
		ле́нта новосте́й	*Nachrichten-Feed*
обща́ться (с + Instr.)	*sich unterhalten mit*	**обще́ние**	*Kommunikation, Unterhaltung*
родны́е (Pl.)	*nahe Verwandte*	**родно́й**	*verwandt, leiblich, heimisch/heimatlich*
		челове́к **лю́ди**	*Mensch* *Menschen, Leute*
вести́ блог	*Blog führen*	**~ кана́л**	*Kanal ~*
содержа́тельный пост	*inh. anspruchsvoller Beitrag*	**содержа́ние** **пост**	*Inhalt* *Post, Beitrag*
		пости́ть	*posten (umg.)*
		де́лать перепо́ст	*reposten*
		перепости́ть (v.)	*reposten (umg.)*
		(по)ста́вить лайк	*liken*

Nom. вре́мя (n.)
Gen. вре́мени
Dat. вре́мени
Akk. вре́мя
Instr. вре́менем
Präp. вре́мени
Nom. Pl. времена́
Gen. Pl. времён

вести́:
я веду́
ты ведёшь
они веду́т

ÜBEN

1 Verbinden Sie die passenden Wendungen.

1. социа́льные се́ти
2. ва́жная часть жи́зни
3. проводи́ть мно́го вре́мени
4. чита́ть ле́нту друзе́й
5. узнава́ть но́вости
6. обща́ться с друзья́ми
7. вести́ блог
8. писа́ть интере́сные по́сты

A. den Feed von Freunden lesen
B. interessante Posts schreiben
C. sich mit Freunden unterhalten
D. soziale Netzwerke
E. einen Blog führen
F. Neuigkeiten erfahren
G. wichtiger Teil des Lebens
H. viel Zeit verbringen

2 Ergänzen Sie die fehlenden Wörter.

1. Для мно́гих люде́й _______________ __________ – ва́жная __________ жи́зни и они́ _______________ в них мно́го вре́мени.

   Für viele Menschen sind die sozialen Netzwerke ein wichtiger Teil des Lebens und sie verbringen darin viel Zeit.

2. Моя́ _________ __________ – э́то моя́ _________ но́востей. Я чита́ю _________ друзе́й и так __________ но́вости.

   Der Feed meiner Freunde ist mein Nachrichten-Feed. Ich lese die Posts meiner Freunde und so erfahre die Neuigkeiten.

3. В моём бло́ге я _______________ с людьми́, у кото́рых те же ___________, что и у меня́.

   In meinem Blog unterhalte ich mich mit Menschen, die gleiche Interessen haben wie ich.

WIEDERHOLUNG

3 Lesen Sie jetzt die folgenden Sätze auf Russisch.

1. Социа́льные се́ти? В шко́ле и университе́те э́то была́ моя́ жизнь.
2. Фо́румы, соо́бщества, ла́йки, по́сты и перепо́сты… Ну, и тро́лли, коне́чно.
3. Сейча́с у меня́ семья́ и рабо́та, и ма́ло вре́мени.
4. У меня́ есть своя́ страни́ца. Там я обща́юсь со ста́рыми друзья́ми, родны́ми и колле́гами. Так же я узнаю́ но́вости, чита́ю по́сты интере́сных мне люде́й.

4 Übersetzen Sie nun die Sätze ins Deutsche.

1. ______________________________
2. ______________________________
3. ______________________________
4. ______________________________

5 Jetzt können Sie auf der ersten Seite der Lektion alle Wörter, die Sie gelernt haben, abhaken.

30

KULTUR

Diese 10 grundlegenden russischen Wörter und Wendungen lernen Sie in dieser Lektion:

✓ Kann ich	Schreibschrift	
○ культу́ра	*культура*	*Kultur*
○ литерату́ра	*литература*	*Literatur*
○ писа́тель (m.)	*писатель*	*Schriftsteller*
○ рома́н	*роман*	*Roman*
○ класси́ческий	*классический*	*klassisch*
○ произведе́ние	*произведение*	*Werk*
○ иску́сство	*искусство*	*Kunst*
○ жи́вопись (f.)	*живопись*	*Malerei*
○ ико́на	*икона*	*Ikone*
○ карти́на	*картина*	*Bild, Gemälde*

LOS GEHT'S

1 Hören Sie sich die einzelnen Sätze mit den Lernwörtern genau an und lesen Sie mit.

089

Я мно́го чита́ю и люблю́ литерату́ру. Мой люби́мый писа́тель – Михаи́л Булга́ков, а люби́мый рома́н – «Ма́стер и Маргари́та».

Я много читаю и люблю литературу. Мой любимый писатель – Михаил Булгаков, а любимый роман – «Мастер и Маргарита».

Ich lese viel und liebe die Literatur. Mein Lieblingsschriftsteller ist Michail Bulgakow, und mein Lieblingsroman ist „Der Meister und Margarita".

Я о́чень люблю́ класси́ческую му́зыку. Мой люби́мый компози́тор – Серге́й Рахма́нинов. Его́ Второ́й конце́рт – моё са́мое люби́мое музыка́льное произведе́ние.

Второ́й конце́рт Рахма́нинова: Второ́й конце́рт для фортепиа́но (Klavier) с орке́стром.

Я очень люблю классическую музыку. Мой любимый композитор – Сергей Рахманинов. Его Второй концерт – моё самое любимое музыкальное произведение.

Ich liebe sehr die klassische Musik. Mein Lieblingskomponist ist Sergei Rachmaninow. Sein 2. Klavierkonzert ist mein allerliebstes Musikstück.

Я люблю́ иску́сство, жи́вопись. Мне нра́вятся ико́ны Андре́я Рублёва, карти́ны Васнецо́ва, Серо́ва, Вру́беля, Канди́нского.

Я люблю искусство, живопись. Мне нравятся иконы Андрея Рублёва, картины Васнецова, Серова, Врубеля, Кандинского.

Ich liebe die Kunst, die Malerei. Mir gefallen die Ikonen von Adrei Rubljow, die Gemälde von Wasnezow, Serow, Wrubel, Kandinsky.

VERWANDTE WÖRTER

1 Hören Sie sich folgende Wörter und Wendungen an und lesen Sie mit.

090

культу́ра	*Kultur*	**культу́рный**	*Kultur-*
		филосо́фия **фило́соф**	*Philosophie* *Philosoph(in)*
		мысль (f.)	*Gedanke*
литерату́ра	*Literatur*	**литерату́рный**	*Literatur-*
		про́за **поэ́зия**	*Prosa* *Poesie, Dichtung, Lyrik*
		век	*Jahrhundert*
		Золото́й ~ **Сере́бряный ~**	*Das Goldene ~* *Das Silberne ~*
		поколе́ние	*Generation*
		(по)влия́ть **влия́ние**	*beeinflussen;* *Einfluss*
писа́тель (m.) **писа́тельница**	*Schriftsteller* *Schriftstellerin*	**поэт** **поэте́сса**	*Dichter* *Dichterin*
		а́втор	*Autor(in)*
		изве́стный	*bekannt*
		знамени́тый	*berühmt*
рома́н	*Roman*	**по́весть** (f.)	*Novelle*
		стихотворе́ние **стих**	*Gedicht*

Das Goldene Zeitalter – Золото́й век ру́сской поэ́зии – ist die Zeit der Dichter um Alexander Puschkin (Beginn des 19. Jhd.). Als Das Silberne Zeitalter bezeichnet man die Epoche der Dichter Ende des 19. – Beginn des 20. Jhds.
Алекса́ндр Серге́евич Пу́шкин (1799-1837) gilt als bedeutendster russischer Dichter und Begründer der modernen russischen Literatur.

класси́ческий	*klassisch*	**совреме́нный**	*Gegenwarts-, modern*
произведе́ние	*Werk*	**шеде́вр**	*Meisterwerk*
иску́сство	*Kunst*	**скульпту́ра** **ску́льптор**	*Bildhauerei; Skulptur* *Bildhauer(in)*
		архитекту́ра **архите́ктор**	*Architektur* *Architekt(in)*
		та́нец **танцева́ть**	*Tanz* *tanzen*
		балери́на **арти́ст бале́та**	*Balletttänzerin* *Balletttänzer*
		киноиску́сство **режиссёр**	*Filmkunst* *Regisseur(in)*
		фотоиску́сство **фото́граф**	*Fotografie* *Fotograf(in)*
		изобража́ть **выража́ть**	*darstellen* *ausdrücken*
жи́вопись (f.)	*Malerei*	**худо́жник**	*Maler*
		рисова́ть	*malen, zeichnen*
		вы́ставка	*Ausstellung*
ико́на	*Ikone*	**иконопи́сец**	*Ikonenmaler*
		Византи́я **византи́йский**	*Byzanz* *byzantinisch*
карти́на	*Bild, Gemälde*	**портре́т**	*Porträt*
		пейза́ж	*Landschaft*

ÜBEN

1 Verbinden Sie die passenden Wendungen.

1. класси́ческая му́зыка
2. совреме́нная литерату́ра
3. люби́мый писа́тель
4. изве́стный рома́н
5. иску́сство Византи́и
6. ико́ны Андре́я Рублёва
7. произведе́ния Пу́шкина
8. карти́ны Канди́нского

A. die Ikonen von Andrei Rubljow
B. moderne Literatur
C. die Werke Puschkins
D. klassische Musik
E. Lieblingsschriftsteller
F. die Bilder Kandinskys
G. Byzantinische Kunst
H. ein bekannter Roman

2 Ergänzen Sie die fehlenden Wörter.

1. Вы лю́бите ______________ му́зыку?

   Lieben Sie klassische Musik?

2. Ты лю́бишь совреме́нную ______________?

   Magst du moderne Literatur?

3. У вас есть люби́мый ______________?

   Haben Sie einen Lieblingsschriftsteller?

4. Како́й его́ ______________ – ваш люби́мый?

   Welcher seiner Romane ist Ihr Lieblingsroman?

5. ______________ каки́х худо́жников вам нра́вятся?

   Die Bilder welcher Maler mögen Sie?

WIEDERHOLUNG

3 Lesen Sie jetzt die folgenden Sätze auf Russisch.

1. Вы лю́бите поэ́зию? Я о́чень люблю́ поэ́зию Сере́бряного ве́ка: стихи́ А́нны Ахма́товой, Мари́ны Цвета́евой, Никола́я Гумилёва.
2. Литерату́ру, как и му́зыку, люблю́ и класси́ческую, и совре́менную.
3. Люблю́ жи́вопись, и немно́го рису́ю сама́.
4. Интересу́юсь теа́тром и кино́. Сейча́с есть о́чень интере́сные режиссёры.

4 Übersetzen Sie nun die Sätze ins Deutsche.

1. ______________________________

2. ______________________________

3. ______________________________

4. ______________________________

5 Jetzt können Sie auf der ersten Seite der Lektion alle Wörter, die Sie gelernt haben, abhaken.

L

LÖSUNGEN

LEKTION 1

1 1D, 2G, 3B, 4F, 5A, 6H, 7C, 8E
2 1 зовут, 2 тебя, 3 Как, 4 Это, 5 а, 6 Привет, 7 Пока, 8 пора
4 1. Hallo! Ich heiße Nadja.
2. Guten Tag, ich heiße Evgenij.
3. Das ist Sveta und das Ira.
4. Tschüss Sveta und Ira!
5. Auf Wiedersehen Evgenij.

LEKTION 2

1 1D, 2F, 3E, 4H, 5G, 6A, 7C, 8B
2 1 дела, 2 вас, 3 меня, 4 всё, 5 спасибо, 6 тоже, 7 ничего, 8 отлично
4 1. Ich grüße Sie, Stanislaw Petrowich. Wie geht es Ihnen?
2. Hallo, Matwej! Wie geht's? Alles normal?
3. Danke, mir geht es gut. Und Ihnen?
4. Alles ist in Ordnung! Und bei dir?
5. Ausgezeichnet!

LEKTION 3

1 1C, 2H, 3F, 4D, 5A, 6B, 7E, 8G
2 1 года, 2 студент, 3 России, 4 говорит, 5 информатик, 6 из, 7 Давайте, 8 рада
4 1. Hallo! (Wollen wir uns) bekannt machen?
2. Ich heiße Jegor. Ich bin aus Russland, aus Jekaterinburg.
3. Ich bin Student, Informatiker. Ich bin neunzehn Jahre alt.
4. Ich spreche sehr gut Englisch und etwas Deutsch.
5. Ich freue mich sehr dich kennenzulernen!

LEKTION 4

1 1D, 2B, 3H, 4F, 5G, 6A, 7C, 8E
2 1 моя, 2 мой, 3 Её, 4 Его, 5 Германии, 6 Австрии, 7 живёт. 8 пожалуйста
4 1. Darf ich vorstellen? Das ist meine Freundin. Sie heißt Olga.
2. Olga ist aus Russland, aus Moskau. Aber jetzt wohnt sie in Deutschland, in Berlin.
3. Olga ist eine Studentin, eine Musikerin.
4. Sie ist 22 Jahre alt.
5. Sie spricht sehr gut Deutsch und Englisch.

LEKTION 5

1 1D, 2F, 3G, 4A, 5E, 6H, 7C, 8B
2 1 жена, 2 муж, 3 дети, 4 сестра, 5 брат, 6 фотографии, 7 Посмотрите, 8 любовь
4 1. Schauen Sie! Auf dem Foto ist meine Familie.
2. Hier sind meine Eltern, Timofei und Natalja.
3. Hier ist meine Frau Anja und unsere

Kinder Inna und Darja. Sie sind Zwillinge.
4. Und hier sind mein Bruder und meine Schwester, Andrej und Katja.
5. Ich liebe meine Familie sehr!

LEKTION 6

1 1D, 2G, 3A, 4B, 5H, 6C, 7E, 8F
2 1 Летом, 2 Недалеко, 3 баня, 4 выходные, 5 внуки и внучки, 6 всегда
4 1. Meine Oma und mein Opa leben im Sommer immer auf der Datscha.
2. Und wir kommen zu ihnen zu Besuch (gemeint: Wir sind bei Ihnen lange Zeit zu Gast). Wir – das sind ihre Enkel (mein Bruder Kyrill und ich).
3. Auf der Datscha ist es schön! Oma und Opa haben auf der Datscha einen (Obst)Garten, einen Gemüsegarten, eine Banja.
4. Unweit sind ein Wald und ein See.
5. Mama und Papa kommen übers Wochenende zu Besuch. Wir lieben den Sommer und unsere Datscha!

LEKTION 7

1 1D, 2H, 3A, 4E, 5B, 6G, 7C, 8F
2 1 Спортом, 2 хобби, 3 читать, 4 играешь, 5 готовить, 6 занимаетесь, 7 в, 8 на
4 1. Ich lese sehr gerne, besonders (insbesondere) Science-Fiction und Fantasy.
2. Mein Freund begeistert sich für Sport (macht sehr gerne Sport). Er joggt, schwimmt und macht Karate.
3. Meine Freundin spielt „Warcraft". Das ist ihr Lieblingsspiel.
4. Kochen Sie gerne? – Ja, sehr. Ich koche oft für (meine) Familie und Freunde.
5. Mein Freund Enrico ist Musiker. Er spielt wunderbar Gitarre.

LEKTION 8

1 1D, 2A, 3H, 4E, 5G, 6B, 7F, 8C
2 1 встаёт, 2 завтракает, 3 обедает, 4 встречается, 5 ужинают, 6 Дома, 7 спать
4 1. Hi! Ich heiße Stas. Ich bin Programmierer und arbeite von zu Hause aus / im Home-Office.
2. Ich stehe früh, um sechs Uhr morgens, auf und jogge im Park.
3. Danach dusche ich mich, frühstücke und um sieben Uhr morgens bin ich bereits bei der Arbeit / arbeite ich bereits.
4. Zu Mittag esse ich zu Hause, tagsüber entspanne ich mich etwas, und am Abend treffe ich mich mit Freunden und wir essen gemeinsam zu Abend oder spielen Computerspiele.
5. Ich gehe spät schlafen. Ich liebe meine Arbeit!

LEKTION 9

1 1D, 2G, 3A, 4C, 5H, 6B, 7F, 8E
2 1 ест, 2 пьёт, 3 суп, 4 блины, 5 мясо, 6 каша, чай, 7 печь
4 1. Guten Tag, ich heiße Polina. Was esse ich zum Frühstück, zu Mittag und Abend?
2. Nun, zum Frühstück esse ich für gewöhnlich Müsli, Brei oder Quark.
3. Zu Mittag esse ich im Büro, und das ist für gewöhnlich Suppe und Salat, manchmal Fleisch (eine Fleischspeise), zum Beispiel mit Kartoffelpüree.
4. Zu Abend essen wir in der Familie öfters Pelmeni. Die Kinder mögen (lieben) süße Pfannkuchen (Pfannkuchen mit süßer Füllung).

5. Wir alle trinken sehr gerne Tee. Und ich liebe es Torten und Piroggen zu backen!

LEKTION 10

1 1F, 2D, 3H, 4A, 5E, 6G, 7B, 8C
2 1 в магазине, 2 на рынке, 3 на кассе, 4 Овощи, 5 фрукты
4 1. Gestern, am Sonntag, war ich im Geschäft (war ich einkaufen).
2. Ich kaufte Gemüse und Obst, Fleisch, Eier, Milchprodukte ein.
3. Das alles sind Lebensmittel für eine Woche.
4. An der Kasse im Geschäft gab es eine Warteschlange.
5. Ich habe die Einkäufe per Telefon (Handy) bezahlt.

LEKTION 11

1 1C, 2H, 3F, 4G, 5D, 6A, 7B, 8E
2 1 стоит, 2 стоят, 3 клубники, 4 рублей, 5 дорого, 6 сдача
4 1. Entschuldigen Sie, was kosten die Birnen?
2. Die Birnen? Diese hier – 190 Rubel das Kilo, und diese – 240 Rubel das Kilo.
3. Nicht billig!
4. (Die Birnen) sind sehr lecker, nehmen Sie! Besonders diese Birnen hier sind sehr gut.
5. Na gut! Zwei Kilogramm, bitte.

LEKTION 12

1 1F, 2C, 3A, 4H, 5G, 6D, 7B, 8E
2 1 ресторан, 2 меню, 3 закуски, 4 посоветовали, 5 десерт
4 1. Guten Tag! Was möchten (wörtl.: werden) Sie trinken?
2. Für mich (wörtl.: mir) bitte Wasser. Sie haben eine sehr interessante Speisekarte. Welche Suppe und welche Hauptspeise würden Sie mir empfehlen (wörtl.: Was würden Sie mir als ersten und als zweiten Gang empfehlen)?
3. Wir haben heute eine wunderbare Weißkohlsuppe mit Piroggen und Stör mit Gemüse.
4. Oh, das ist interessant. (Für mich) bitte Weißkohlsuppe und Stör, Blini mit Kaviar als Vorspeise und Speiseeis mit Früchten als Nachtisch.

LEKTION 13

1 1D, 2G, 3F, 4E, 5C, 6A, 7H, 8B
2 1 цвет, 2 размера, 3 платье, 4 примерить, 5 Зелёный
4 1. Aha, Jeans ... Entschuldigen Sie, haben Sie die Größe 42?
2. Ja ... Hier bitte.
3. Danke. Und wo kann/könnte ich (sie) anprobieren?
4. Die Umkleide ist (wörtl.: haben wir) dort.
5. Lena, und (was sagst du)?
6. Tanja, diese Jeans steht dir ausgezeichnet!

LEKTION 14

1 1E, 2D, 3A, 4H, 5B, 6G, 7C, 8F
2 1 стиль, 2 модой, 3 носите, 4 яркие, 5 удобные, 6 одеваться
4 1. Ich verfolge nicht wirklich das Modegeschehen – für mich ist es nicht interessant – und natürlich lese ich keine Modeblogs (Fashion-Blogs).
2. Für gewöhnlich trage ich bequeme Jeans, farbenfrohe T-Shirts, stilvolle Sneakers.
3. Im Office haben wir einen Business-Dresscode, sodass ich auch Krawatte und Sakko trage. Ich trage sie nicht gern (wer tut das schon?), aber Job ist Job.

4. Meine Freundin (hingegen) ist modebewusst (liebt die Mode) und weiß sich immer auffallend und interessant anzuziehen.

LEKTION 15

1 1D, 2A, 3H, 4B, 5G, 6C, 7F, 8E
2 1 чувствую, 2 температуры, слабость, 3 голова, болят, 4 врачу, больничный, 5 заварю
4 1. Lisa, wie fühlst du dich?
2. Nicht sehr gut, Mama. Der Kopf tut sehr weh und der Hals auch.
3. Hast du Fieber? (Schon) gemessen?
4. (Ich habe) kein Fieber.
5. Ich mache dir einen Tee.

LEKTION 16

1 1E, 2D, 3A, 4F, 5B, 6C
2 1 диете, 2 голодаю, 3 двигаюсь, 4 медитирую, 5 стресса
4 1. Bei uns in der Familie achten alle auf ihre Gesundheit.
2. Meine Schwester ernährt sich richtig und macht zweimal im Jahr eine Diät.
3. Ich faste nicht und mag keine Diäten. Ich treibe Sport: ich jogge dreimal die Woche, schwimme, mache Yoga und meditiere.
4. Außerdem gehe ich früh schlafen und stehe früh auf, mache mir mein Frühstück selbst und trinke keinen Kaffee.

LEKTION 17

1 1D, 2F, 3H, 4A, 5C, 6G, 7B, 8E
2 1 умный, весёлый, 2 высокие, спортивные, 3 глаза, 4 волосы, 5 сильная
4 1. Mein Freund ist klug und witzig. Mit ihm ist es immer interessant.
2. Er ist nicht sehr groß, aber sehr stark und sportlich.
3. Er hat braune Augen und kurze dunkle Haare.
4. Weder er noch ich haben einen besonders leichten Charakter, aber wir kommen gut miteinander zurecht.

LEKTION 18

1 1C, 2G, 3A, 4E, 5F, 6B, 7D
2 1 самый, праздник, 2 Новый год, праздник, 3 Пасху, 4 День рождения, 5 дарить, обожаю
4 1. Die Familie meines Freundes ist sehr gläubig.
2. Natürlich, sie lieben und feiern das Neujahrsfest.
3. Aber auch Weihnachten ist für sie ein sehr wichtiges Fest.
4. Zu Weihnachten gehen sie immer in die Kirche.
5. Natürlich auch zu Ostern. Und zu Ostern haben (backen) sie sehr leckere Osterkuchen!

LEKTION 19

1 1D, 2G, 3A, 4F, 5H, 6B, 7E, 8C
2 1 рейс, 2 пересадкой, 3 аэропорт, 4 такси, 5 терминал
4 1. Morgen fliege ich nach Moskau.
2. Mein Flug geht um acht Uhr abends. Ich habe einen Direktflug.
3. Zum Flughafen fahre ich mit der S-Bahn, und in Moskau nehme ich ein Taxi.
4. Ich liebe es zu fliegen und liebe Flugzeuge.
5. Am Flughafen, am Terminal, gönne ich mir einen Kaffee und werde schauen, was es in Duty-Free gibt.

LEKTION 20

1 1D, 2A, 3F, 4E, 5B, 6G, 7C

2 1 поезд, 2 тяжёлый, чемодан, 3 вокзала, 4 отправляется, 5 зал ожидания

4 1. Ich liebe es zu reisen und mag sehr die Zugreisen (die Züge).
2. Ich bin zwei Mal mit der Transsibirischen Eisenbahn nach Wladiwostok gefahren, und einmal von Moskau nach Peking.
3. Nun fahre ich nach Sankt-Petersburg zu einem (bzw. meinem) Freund. Ich fahre mit dem „Sapsan". Das ist ein Schnellzug. Die Reise von Moskau nach Petersburg (dauert) nur vier Stunden.
4. Nachtzüge mag ich auch. Man schläft in ihnen fast wie in einem Hotel.

LEKTION 21

1 1G, 2E, 3A, 4H, 5B, 6D, 7C, 8F

2 1 номер, 2 шведский стол, 3 достопримечательности, 4 отель, остаться

4 1. Guten Tag, herzlich willkommen in unserem Hotel. Ihren Pass bitte!
2. Hier ist Ihr Schlüssel. Frühstück gibt es von sieben und bis elf Uhr morgens. Wir haben ein Frühstücksbuffet. Möchten Sie ihr Frühstück aufs Zimmer bestellen?
3. Die U-Bahn und die Hauptsehenswürdigkeiten sind in der Nähe. Hier ist ein Stadtplan.
4. Sind Sie mit unserem Service zufrieden?

LEKTION 22

1 1D, 2F, 3A, 4B, 5G, 6E, 7H, 8C

2 1 погода, 2 Холодно, солнечно, 3 холодно, дождь, 4 к счастью

4 1. Man sagt, in der Natur gibt es kein schlechtes Wetter.
2. Haben Sie ein Lieblingswetter?
3. Ich mag sehr den Regen. Ich liebe Wolken. Schnee liebe ich natürlich auch. Und ich mag Frost.
4. Nebel ist auch sehr schön.
5. Aber Sonne und Hitze mag ich nicht, und ich fahre nie in die warmen Länder.

LEKTION 23

1 1D, 2F, 3A, 4G, 5B, 6E, 7C

2 1 дойти, до, 2 направо, налево, 3 станция, 4 перекрёсток, улице

4 1. Entschuldigen Sie, ist es weit bis zum Newski-Prospekt?
2. Bis zum Newski-Prospekt? Nicht weit. Mit dem Bus zwei Haltestellen.
3. Und bis zur Isaakskathedrale?
4. Auch nicht weit. Zu Fuß fünf Minuten. Geradeaus und dann links.
5. Vielen Dank!

LEKTION 24

1 1D, 2C, 3A, 4G, 5H, 6B, 7F, 8E

2 1 оперу, на, число, 2 На, на, 3 паркете, 4 ряд, середина

4 1. Lieben Sie Theater? Ich liebe es sehr!
2. Ich liebe das Ballett und die Oper. Ich liebe es, in Konzerte und Schauspielaufführungen zu gehen.
3. Meine Lieblingskomponisten sind Rachmaninow und Tschaikowski.
4. Mein Lieblingspianist ist ... Oh, da gibt es viele!
5. Theater – das ist das Leben!

LEKTION 25

1 1G, 2B, 3F, 4A, 5H, 6C, 7E, 8D
2 1 университет, 2 учиться, 3 стажировку, 4 аспирантуру
4 1. Ich studiere an meiner Traumuniversität: an der Sankt-Peterburger „Polytech".
2. Ich werde Informatiker. Nun mache ich meinen Master und absolviere ein Praktikum.
3. Ich denke nicht, dass ich promovieren werde. Mich interessiert die Praxis, nicht die Theorie. Ich bin kein Wissenschaftler.
4. Aber ich würde gerne mit einem Austauschprogramm oder für ein Praktikum in die USA oder nach Deutschland gehen.

LEKTION 26

1 1D, 2A, 3H, 4F, 5B, 6C, 7E, 8G
2 1 закончили, опыт, 2 компании (фирме), 3 творческий, коллективе, 4 удалённо
4 Lieben Sie schwierige Aufgaben, Teamwork und wollen Sie bei uns ein Praktikum machen? Sie haben unlängst ihr Studium abgeschlossen oder sind ein angehender Fachmann mit Berufserfahrung von weniger als drei Jahren? Wir erwarten Ihre Bewerbung!
2. Ein modernes Büro im Stadtzentrum, eine flexible Arbeitszeit, ein hohes Gehalt, eine vorzügliche Versicherung. Sie sind in Homeoffice tätig und arbeiten an interessanten Projekten in einem jungen Team. Beachten Sie unsere Stellenausschreibungen!

LEKTION 27

1 1D, 2G, 3A, 4C, 5H, 6E, 7B, 8F
2 1 родились, родились, 2 поженились, 3 снимаете, 4 комнат, этаже
4 1. Vor einiger Zeit haben wir eine Hypothek auf eine Wohnung aufgenommen, und bereits in diesem Monat sind wir in sie eingezogen.
2. Unsere neue Wohnung gefällt uns sehr. Wir haben vier Zimmer: Wohnzimmer, Schlafzimmer, zwei Kinderzimmer und Küche und Balkon (natürlich außerdem ein Badezimmer und - hurra! - zwei Toiletten).
3. Wir wohnen im 12. Stock. Bei uns ist es sehr hell und wir haben eine tolle Aussicht auf die Stadt und den Park.

LEKTION 28

1 1D, 2G, 3A, 4H, 5B, 6E, 7C, 8F
2 1 связи, 2 интернета, 3 презентация, 4 электронные книги, читаешь
4 1. World Wide Web ... Wahrscheinlich bin ich fast immer im Netz - naja, außer wenn ich schlafe.
2. Ich esse - und höre Musik. Fahre mit der U-Bahn - und checke meine Mitteilungen/Nachrichten. Abends schaue ich Serien. Sogar Bücher lese ich nur als E-Books.
3. Bei der Arbeit Online-Meetings, Videokonferenzen, Webinare.
4. Aber mit Freunden treffe ich mich „in der realen Welt", offline, und diese Zeit ist nur für uns - ohne Handys und Netz.

LEKTION 29

1 1D, 2G, 3H, 4A, 5F, 6C, 7E, 8B

2 1 социальные сети, часть, проводят, 2 лента друзей, лента, посты, узнаю, 3 общаюсь, интересы

4 1. Soziale Netzwerke? In der Schule und an der Uni war das mein Leben.
2. Foren, Communities, Likes, Posts und Reposts ... Na ja, und Trolle natürlich.
3. Jetzt habe ich eine Familie und einen Job und wenig Zeit.
4. Ich habe eine eigene Seite. Da unterhalte ich mich mit alten Freunden, Verwandten und Kollegen. So erfahre ich Neuigkeiten, lese Beiträge der für mich interessanten Menschen.

LEKTION 30

1 1D, 2B, 3E, 4H, 5G, 6A, 7C, 8F

2 1 классическую, 2 литературу, 3 писатель, 4 роман, 5 Картины

4 1. Mögen Sie Poesie? Ich liebe sehr die Lyrik des Silbernen Zeitalters, die Gedichte von Anna Achmatowa, Marina Zwetajewa, Nikolai Gumiljow.
2. Ich liebe die klassische wie die moderne Literatur und ebenso die Musik.
3. Ich liebe die Malerei und male auch selbst ein wenig.
4. Ich interessiere mich für Theater und Filmkunst. Aktuell gibt es sehr interessante Regisseure.

N

Perfekt für Alltag und Reise

Über 50.000 Stichwörter und Wendungen

- Praktisch, übersichtlich, hochaktuell
- Der relevante Wortschatz für Alltag, Reise und moderne Kommunikation
- Praktische Kommunikationshilfen für E-Mails und Small Talk
- Nützliche Textvorlagen von Hotelbuchung bis Lebenslauf
- Auf einen Blick: Kurzgrammatik des Russischen und Deutschen
- Ideal für Personen mit Muttersprache Deutsch oder Russisch

ISBN 978-3-12-514464-4